TEXTE INTÉGRAL

LE COLONEL CHABERT

HONORÉ DE BALZAC

ÉTUDE DE L'ŒUVRE PAR
SYLVIE DEMERS

COLLECTION
PARCOURS D'UNE ŒUVRE

SOUS LA DIRECTION DE MICHEL LAURIN

Beauchemin
CHENELIÈRE ÉDUCATION

Le Colonel Chabert
Texte intégral
Édition présentée, annotée et commentée
  par Sylvie Demers
Collection « Parcours d'une œuvre »
Sous la direction de Michel Laurin
© 2008, 2000 Groupe Beauchemin, Éditeur Ltée

Édition : Sophie Gagnon
Coordination : Johanne O'Grady
Correction d'épreuves : Christine Langevin
Conception graphique : Josée Bégin
Infographie : Transcontinental Transmédia

Tableau de la couverture : **Bonaparte, Premier consul, franchissant le Grand Saint-Bernard, 20 mai 1800.** Château de Versailles, France. Giraudon / The Bridgeman Art Library. Œuvre de **Jacques Louis David,** peintre français (1748-1825).

**Catalogage avant publication
de Bibliothèque et Archives nationales du Québec
et Bibliothèque et Archives Canada**

Balzac, Honoré de, 1799-1850

  Le colonel Chabert

  (Collection Parcours d'une œuvre)
  « Texte intégral ».
  Éd. originale : 2000.

  Comprend des réf. bibliogr.
  Pour les étudiants du niveau collégial.

  ISBN 978-2-7616-5121-9

  1. Balzac, Honoré de, 1799-1850. Colonel Chabert.
  2. Balzac, Honoré de, 1799-1850 – Critique et interprétation.
  I. Demers, Sylvie, 1963-   . II. Titre. III. Collection.

PQ2163.C7 2007   843'.7   C2007-941223-8

Beauchemin

CHENELIÈRE ÉDUCATION

5800, rue Saint-Denis, bureau 900
Montréal (Québec) H2S 3L5 Canada
Téléphone : 514 273-1066
Télécopieur : 514 276-0324 ou 1 800 814-0324
info@cheneliere.ca

ISBN 978-2-7616-5121-9

Dépôt légal : 1er trimestre 2008
Bibliothèque et Archives nationales du Québec
Bibliothèque et Archives Canada

Imprimé au Canada

4 5 6 7 8   M   21 20 19 18 17

Gouvernement du Québec – Programme de crédit d'impôt pour l'édition de livres – Gestion SODEC.

Ce projet est financé en partie par le gouvernement du Canada

Canadä

À ceux et celles qui, par leur passion, gardent vivante la mémoire de Balzac.

REMERCIEMENTS

L'auteure tient à remercier chaleureusement son conjoint, sa famille, ses amis, ses collègues du collège de Rosemont qui ont encouragé et soutenu l'élaboration de cet ouvrage. Un merci particulier à l'équipe éditoriale du groupe Beauchemin pour son professionnalisme sans faille. Enfin, un grand merci aux élèves qui, par leurs questionnements et leurs commentaires, nous invitent à relire l'œuvre de Balzac avec une perspective actuelle, moderne et ouverte.

OEUVRES

COMPLÈTES

DE BALZAC.

NOUVELLE ÉDITION.

TOME PREMIER.

Bruxelles.

ADOLPHE WAHLEN, IMPR.-LIBR. DE LA COUR,

RUE DES SABLES, N° 22.

1836

PAGE DE TITRE DES ŒUVRES COMPLÈTES DE BALZAC,
ÉDITION DE 1836.

TABLE DES MATIÈRES

HONORÉ DE BALZAC
Par M. Dastugue, d'après L. Boulanger.

Châteaux de Versailles et de Trianon, France.

INTRODUCTION

LES MORTS ONT-ILS DONC TORT DE REVENIR ?

Paris, 1818. Un homme vieilli, amaigri, appauvri revient chez lui après plus de 10 ans d'exil. Celui que l'on a déclaré officiellement mort sur un champ de bataille refait surface et exige de récupérer sa femme, sa fortune ainsi que ses titres militaires et nobiliaires. Toutefois, que peut la justice des hommes pour un être qui resurgit dans un monde qui a changé sans lui ?

Si cette histoire n'avait pas été écrite par Honoré de Balzac, ce n'eut été qu'une histoire de « revenant » comme on les aimait à l'époque. Cependant, *Le Colonel Chabert* est plus qu'une simple anecdote. L'auteur, à travers ce récit, nous offre un tableau saisissant des mœurs de sa société : Chabert est un héros de l'Empire, perdu dans le monde cruel de la Restauration. Ce loyal soldat, qui a fait preuve de courage et de patriotisme pendant les guerres de Napoléon, constate avec horreur que les qualités de cœur ont cédé la place à l'ambition, à la soif d'argent et aux petites combines politiques. Dans ce nouveau monde, Chabert apparaîtra comme un exclu et un marginal : un héros romantique perdu dans un monde réaliste.

Au moyen de ce drame de Chabert, Balzac ne questionne pas seulement les valeurs de son époque ; il nous oblige à revisiter les nôtres. La Restauration, ce monde qui privilégie les apparences et l'arrivisme, ressemble tragiquement aux grandes sociétés individualistes d'aujourd'hui. Le tableau que Balzac nous offre est d'une telle acuité que l'écrivain surpasse son rôle de romancier réaliste.

Visionnaire et philosophe, Balzac nous rappelle que les morts ont bien tort de revenir, car, tels des révélateurs, ils dévoilent aux vivants leurs faiblesses et leurs perfidies.

LE COLONEL CHABERT

ILLUSTRATION DE CHARLES HUARD POUR
L'ÉDITION CONARD DE *LA COMÉDIE HUMAINE*.

Une Étude d'avoué

« Allons ! encore notre vieux carrick[1] ! »

Cette exclamation échappait à un clerc[2] appartenant au genre de
ceux qu'on appelle dans les Études[3] des *saute-ruisseaux,* et qui mor-
dait en ce moment de fort bon appétit dans un morceau de pain ; il en
5 arracha un peu de mie pour faire une boulette et la lança railleuse-
ment par le vasistas[4] d'une fenêtre sur laquelle il s'appuyait. Bien
dirigée, la boulette rebondit presque à la hauteur de la croisée, après
avoir frappé le chapeau d'un inconnu qui traversait la cour d'une
maison située rue Vivienne, où demeurait maître Derville, avoué[5].

10 « Allons, Simonnin, ne faites donc pas de sottises aux gens, ou je
vous mets à la porte. Quelque pauvre que soit un client, c'est toujours
un homme, que diable ! » dit le Maître-clerc en interrompant l'addition d'un mémoire de frais[6].

Le saute-ruisseau est généralement, comme était Simonnin, un
15 garçon de treize à quatorze ans, qui dans toutes les Études se trouve
sous la domination spéciale du Principal clerc[7] dont les commissions
et les billets doux l'occupent tout en allant porter des exploits[8] chez

---

N.B. : Les trois extraits de l'œuvre qui font l'objet d'une analyse approfondie sont indiqués
par une trame superposée au texte. Les mots suivis d'un astérisque sont définis dans le glossaire,
à la page 170.

1. Carrick : vieux manteau de cocher anglais à capes superposées aux épaules.
2. Clerc : employé qui travaille chez un avoué ou un notaire. Il se prépare habituellement,
   en tant que stagiaire, aux fonctions de notaire, d'avoué ou de huissier.
3. Études : par métonymie, bureaux où travaillent les clercs. Signifie également la charge avec
   sa clientèle.
4. Vasistas : petit panneau mobile qui se trouve à l'intérieur d'une fenêtre.
5. Avoué : représentant en justice.
6. Mémoire de frais : facture qui établit, de manière détaillée, les montants que le client doit à l'avoué.
7. Principal clerc : dans le roman, les dénominations de « Principal clerc », « Principal »,
   « Maître-clerc » et « Premier clerc » désignent Boucard.
8. Exploits : actes judiciaires, transmis par un huissier, pour instruire une personne des
   renseignements juridiques la concernant.

Le saute-ruisseau est généralement, comme était Simonnin, un garçon de treize à quatorze ans, qui [...] est presque toujours sans pitié, sans frein, indisciplinable, faiseur de couplets, goguenard, avide et paresseux.

Lignes 14 à 21.

LE PETIT CLERC, CARICATURE PAR HONORÉ DAUMIER.

les huissiers et des placets[1] au Palais[2]. Il tient au gamin de Paris par
ses mœurs, et à la Chicane[3] par sa destinée. Cet enfant est presque
20 toujours sans pitié, sans frein, indisciplinable, faiseur de couplets,
goguenard, avide et paresseux. Néanmoins presque tous les petits
clercs* ont une vieille mère logée à un cinquième étage avec laquelle ils
partagent les trente ou quarante francs qui leur sont alloués par mois.

« Si c'est un homme, pourquoi l'appelez-vous *vieux carrick**? » dit
25 Simonnin de l'air de l'écolier qui prend son maître en faute.

Et il se remit à manger son pain et son fromage en accotant son
épaule sur le montant de la fenêtre, car il se reposait debout, ainsi que
les chevaux de coucou[4], l'une de ses jambes relevée et appuyée contre
l'autre, sur le bout du soulier.

30 « Quel tour pourrions-nous jouer à ce chinois-là? » dit à voix basse
le troisième clerc nommé Godeschal en s'arrêtant au milieu d'un rai-
sonnement qu'il engendrait dans une requête grossoyée par le quatrième clerc et dont les copies étaient faites par deux néophytes[5]
venus de province. Puis il continua son improvisation : ... *Mais, dans*
35 *sa noble et bienveillante sagesse, Sa Majesté Louis Dix-Huit[6]* (mettez en
toutes lettres, hé! Desroches le savant qui faites la Grosse!), *au moment*
où Elle reprit les rênes de son royaume, comprit... (qu'est-ce qu'il comprit, ce gros farceur-là?) *la haute mission à laquelle Elle était appelée par*
la divine Providence!...... (point admiratif et six points : on est assez
40 religieux au Palais pour nous les passer), *et sa première pensée fut, ainsi*
que le prouve la date de l'ordonnance[7] ci-dessous désignée, de réparer les

---

1. Placets : réquisitions d'audience, c'est-à-dire les requêtes adressées à un tribunal pour
   l'obtention d'une audience.
2. Palais : Palais de justice.
3. Chicane (péjoratif) : procédure (ennuis, paperasserie) liée au monde des avoués.
4. Coucou : ancienne voiture publique à deux chevaux qui assurait la liaison entre Paris
   et la banlieue.
5. Néophytes : débutants, inexpérimentés.
6. Louis Dix-Huit (1755-1824) : roi de France de 1814 à 1824. Après les temps révolutionnaires
   (1789 à 1799) et l'époque napoléonienne (1799 à 1815), l'ascension au pouvoir de Louis XVIII
   marque la résurrection de la monarchie en France.
7. Ordonnance : règlement officiel, texte de loi qui provient de l'exécutif d'un gouvernement
   ou d'un roi. Ici, l'ordonnance de Louis XVIII date en fait du 5-6 décembre 1814. Ce décret
   permet aux nobles et, principalement, aux « émigrés » (c'est-à-dire ceux qui ont dû fuir
   pendant la Révolution) de récupérer leurs biens saisis par les révolutionnaires, si ces biens
   ne furent pas vendus entre-temps.

infortunes causées par les affreux et tristes désastres de nos temps révo-
lutionnaires, en restituant à ses fidèles et nombreux serviteurs (nombreux est une flatterie qui doit plaire au tribunal) *tous leurs biens non*
45 *vendus* [1]*, soit qu'ils se trouvassent dans le domaine public* [2]*, soit qu'ils se*
trouvassent dans le domaine ordinaire ou extraordinaire de la couronne,
soit enfin qu'ils se trouvassent dans les dotations d'établissements
publics, car nous sommes et nous nous prétendons habiles à soutenir que
tel est l'esprit et le sens de la fameuse et si loyale ordonnance* rendue en…
50 «Attendez, dit Godeschal aux trois clercs*, cette scélérate de phrase a
rempli la fin de ma page. — Eh bien, reprit-il en mouillant de sa
langue le dos du cahier afin de pouvoir tourner la page épaisse de son
papier timbré [3], eh bien, si vous voulez lui faire une farce, il faut lui
dire que le patron ne peut parler à ses clients qu'entre deux et trois
55 heures du matin : nous verrons s'il viendra, le vieux malfaiteur ! » Et
Godeschal reprit la phrase commencée : « *rendue en…* Y êtes-vous ?
demanda-t-il.
     — Oui », crièrent les trois copistes.
     Tout marchait à la fois, la requête, la causerie et la conspiration.
60   « *Rendue en…* Hein ? papa Boucard, quelle est la date de l'ordonnance ? il faut mettre les points sur les i, saquerlotte ! Cela fait des pages.
     — *Saquerlotte !* répéta l'un des copistes avant que Boucard le
Maître-clerc* n'eût répondu.
     — Comment, vous avez écrit *saquerlotte* ? s'écria Godeschal en regar-
65 dant l'un des nouveaux venus d'un air à la fois sévère et goguenard.
     — Mais oui, dit Desroches le quatrième clerc en se penchant sur
la copie de son voisin, il a écrit : *Il faut mettre les points sur les i*, et
sakerlotte avec un k. »
     Tous les clercs partirent d'un grand éclat de rire.
70   « Comment, monsieur Huré, vous prenez *saquerlotte* pour un terme
de Droit, et vous dites que vous êtes de Mortagne ! s'écria Simonnin.
     — Effacez bien ça ! dit le Principal clerc*. Si le juge chargé de taxer
le dossier voyait des choses pareilles, il dirait qu'*on se moque de la*
barbouillée [4] ! Vous causeriez des désagréments au patron. Allons,

---

1. Biens non vendus : biens appartenant à des nobles, qui furent saisis par le gouvernement,
   pendant la Révolution, et qui ne furent pas vendus par la suite.
2. Domaine public : l'État.
3. Papier timbré : papier officiel utilisé pour la rédaction de certains documents légaux.
4. On se moque de la barbouillée : on débite des absurdités ou on se moque de tout pourvu
   qu'on réussisse (d'après le *Larousse du XIXᵉ siècle*).

75 ne faites plus de ces bêtises-là, monsieur Huré! Un Normand ne doit
pas écrire insouciamment une requête. C'est le : *Portez arme !* de
la Basoche[1].

— *Rendue en... en?...* demanda Godeschal. Dites-moi donc
quand, Boucard?

80 — Juin 1814 », répondit le Premier clerc* sans quitter son travail.

Un coup frappé à la porte de l'Étude* interrompit la phrase de la
prolixe[2] requête. Cinq clercs bien endentés, aux yeux vifs et railleurs,
aux têtes crépues, levèrent le nez vers la porte, après avoir tous crié
d'une voix de chantre : « Entrez. » Boucard resta la face ensevelie dans

85 un monceau d'actes, nommés *broutille*[3] en style de Palais*, et
continua de dresser le mémoire de frais* auquel il travaillait.

L'Étude était une grande pièce ornée du poêle classique qui garnit
tous les antres de la chicane. Les tuyaux traversaient diagonalement la
chambre et rejoignaient une cheminée condamnée sur le marbre de

90 laquelle se voyaient divers morceaux de pain, des triangles de fromage
de Brie, des côtelettes de porc frais, des verres, des bouteilles, et la
tasse de chocolat du Maître-clerc. L'odeur de ces comestibles
s'amalgamait si bien avec la puanteur du poêle chauffé sans mesure,
avec le parfum particulier aux bureaux et aux paperasses, que la

95 puanteur d'un renard n'y aurait pas été sensible. Le plancher était déjà
couvert de fange[4] et de neige apportée par les clercs. Près de la fenêtre
se trouvait le secrétaire à cylindre du Principal, et auquel était adossée
la petite table destinée au second clerc. Le second *faisait* en ce
moment *le Palais*[5]. Il pouvait être de huit à neuf heures du matin.

100 L'Étude avait pour tout ornement ces grandes affiches jaunes qui
annoncent des saisies immobilières, des ventes, des licitations[6] entre
majeurs et mineurs, des adjudications définitives ou préparatoires, la
gloire des Études ! Derrière le Maître-clerc était un énorme casier qui

---

1. Portez arme ! de la Basoche : le « Portez arme » désigne l'exercice de base du soldat.
   « La Basoche » est un terme péjoratif pour qualifier les gens de la justice. Donc, ici,
   on prétend que la rédaction d'une requête est l'exercice de base du clerc.
2. Prolixe : trop longue.
3. Broutille : élément ou objet sans valeur.
4. Fange : boue souillée et fluide.
5. Faisait [...] le Palais : allait remplacer son patron au tribunal (Palais de justice).
6. Licitations : ventes aux enchères, par des copropriétaires, d'un bien commun.

garnissait le mur du haut en bas, et dont chaque compartiment était
105 bourré de liasses d'où pendaient un nombre infini d'étiquettes et de
bouts de fil rouge qui donnent une physionomie spéciale aux dossiers
de procédure. Les rangs inférieurs du casier étaient pleins de cartons
jaunis par l'usage, bordés de papier bleu, et sur lesquels se lisaient les
noms des gros clients dont les affaires juteuses se cuisinaient en ce
110 moment. Les sales vitres de la croisée laissaient passer peu de jour.
D'ailleurs, au mois de février, il existe à Paris très peu d'Études* où l'on
puisse écrire sans le secours d'une lampe avant dix heures, car elles
sont toutes l'objet d'une négligence assez concevable : tout le monde
y va, personne n'y reste, aucun intérêt personnel ne s'attache à ce qui
115 est si banal ; ni l'avoué*, ni les plaideurs, ni les clercs* ne tiennent à l'élégance d'un endroit qui pour les uns est une classe, pour les autres un
passage, pour le maître un laboratoire. Le mobilier crasseux se
transmet d'avoués en avoués avec un scrupule si religieux que certaines Études possèdent encore des boîtes à *résidus* [1], des moules à
120 *tirets* [2], des sacs provenant des procureurs au *Chlet,* abréviation du mot
CHÂTELET, juridiction qui représentait dans l'ancien ordre de
choses le tribunal de première instance actuel. Cette Étude obscure,
grasse de poussière, avait donc, comme toutes les autres, quelque
chose de repoussant pour les plaideurs, et qui en faisait une des plus
125 hideuses monstruosités parisiennes. Certes, si les sacristies humides où
les prières se pèsent et se payent comme des épices, si les magasins des
revendeuses où flottent des guenilles qui flétrissent toutes les illusions
de la vie en nous montrant où aboutissent nos fêtes, si ces deux cloaques de la poésie n'existaient pas, une Étude d'avoué serait de toutes
130 les boutiques sociales la plus horrible. Mais il en est ainsi de la maison
de jeu, du tribunal, du bureau de loterie et du mauvais lieu. Pourquoi ?
Peut-être dans ces endroits le drame, en se jouant dans l'âme de
l'homme, lui rend-il les accessoires indifférents : ce qui expliquerait aussi
la simplicité des grands penseurs et des grands ambitieux.
135   « Où est mon canif ?

---

1. Boîtes à résidus : boîtes dans lesquelles étaient consignées les factures qui n'étaient pas encore
entièrement payées.
2. Tirets : attaches pour papier faites d'un long morceau de parchemin tortillé.

— Je déjeune !

— Va te faire lanlaire [1], voilà un pâté sur la requête !

— Chît ! messieurs. »

Ces diverses exclamations partirent à la fois au moment où le vieux
140 plaideur ferma la porte avec cette sorte d'humilité qui dénature les
mouvements de l'homme malheureux. L'inconnu essaya de sourire,
mais les muscles de son visage se détendirent quand il eut vainement
cherché quelques symptômes d'aménité [2] sur les visages inexorablement insouciants des six clercs. Accoutumé sans doute à juger les
145 hommes, il s'adressa fort poliment au saute-ruisseau, en espérant que
ce Pâtiras [3] lui répondrait avec douceur.

« Monsieur, votre patron est-il visible ? »

Le malicieux saute-ruisseau ne répondit au pauvre homme qu'en
se donnant avec les doigts de la main gauche de petits coups répétés
150 sur l'oreille, comme pour dire : « Je suis sourd. »

« Que souhaitez-vous, monsieur ? demanda Godeschal qui tout en
faisant cette question avalait une bouchée de pain avec laquelle on eût
pu charger une pièce de quatre [4], brandissait son couteau, et se croi-
sait les jambes en mettant à la hauteur de son œil celui de ses pieds qui
155 se trouvait en l'air.

— Je viens ici, monsieur, pour la cinquième fois, répondit le
patient. Je souhaite parler à monsieur Derville.

— Est-ce pour une affaire ?

— Oui, mais je ne puis l'expliquer qu'à monsieur…

160 — Le patron dort, si vous désirez le consulter sur quelques
difficultés, il ne travaille sérieusement qu'à minuit. Mais si vous vouliez
nous dire votre cause, nous pourrions, tout aussi bien que lui, vous… »

L'inconnu resta impassible. Il se mit à regarder modestement
autour de lui, comme un chien qui, en se glissant dans une cuisine
165 étrangère, craint d'y recevoir des coups. Par une grâce de leur état, les
clercs n'ont jamais peur des voleurs, ils ne soupçonnèrent donc point
l'homme au carrick* et lui laissèrent observer le local, où il cherchait

---

1. Va te faire lanlaire (populaire) : Va te faire voir.

2. Symptômes d'aménité : marques de bienveillance, d'amabilité, de courtoisie.

3. Pâtiras : un « souffre-douleur », une personne qui souffre des moqueries de tous.

4. Pièce de quatre : pièce d'artillerie. Canon qui lance des boulets pesant quatre livres
(environ 2 kg).

L'inconnu essaya de sourire, mais les muscles de son visage
se détendirent quand il eut vainement cherché
quelques symptômes d'aménité sur les visages
inexorablement insouciants des six clercs.

Lignes 141 à 144.

vainement un siège pour se reposer, car il était visiblement fatigué.
Par système, les avoués* laissent peu de chaises dans leurs Études*. Le
170 client vulgaire, lassé d'attendre sur ses jambes, s'en va grognant, mais
il ne prend pas un temps qui, suivant le mot d'un vieux procureur,
n'est pas admis en *taxe*[1].

«Monsieur, répondit-il, j'ai déjà eu l'honneur de vous prévenir que
je ne pouvais expliquer mon affaire qu'à monsieur Derville, je vais
175 attendre son lever.»

Boucard avait fini son addition. Il sentit l'odeur de son chocolat,
quitta son fauteuil de canne, vint à la cheminée, toisa le vieil homme,
regarda le carrick* et fit une grimace indescriptible. Il pensa probablement que, de quelque manière que l'on tordît ce client, il serait
180 impossible d'en extraire un centime[2]; il intervint alors par une parole
brève, dans l'intention de débarrasser l'Étude d'une mauvaise pratique.

«Ils vous disent la vérité, monsieur. Le patron ne travaille que pendant la nuit. Si votre affaire est grave, je vous conseille de revenir à une
heure du matin.»

185 Le plaideur regarda le Maître-clerc* d'un air stupide, et demeura
pendant un moment immobile. Habitués à tous les changements de
physionomie et aux singuliers caprices produits par l'indécision ou
par la rêverie qui caractérisent les gens processifs[3], les clercs* conti-
nuèrent à manger, en faisant autant de bruit avec leurs mâchoires
190 que doivent en faire des chevaux au râtelier, et ne s'inquiétèrent plus
du vieillard.

«Monsieur, je viendrai ce soir», dit enfin le vieux qui par une
ténacité particulière aux gens malheureux voulait prendre en défaut
l'humanité.

195 La seule épigramme[4] permise à la Misère est d'obliger la Justice et
la Bienfaisance à des dénis[5] injustes. Quand les malheureux ont
convaincu la Société de mensonge, ils se rejettent plus vivement dans
le sein de Dieu.

---

1. Un temps qui [...] n'est pas admis en taxe: un service — un temps de travail — pour lequel
   [...] un homme de loi ne peut facturer son client.
2. Centime: pièce de monnaie française valant le centième d'un franc.
3. Processifs (péjoratif): qui prolongent inutilement les procès ou qui ont la manie des procès.
4. Épigramme: mot d'esprit ironique, moqueur ou railleur.
5. Dénis: actions de dénier, de refuser d'accorder un droit.

« Ne voilà-t-il pas un fameux *crâne*[1] ? dit Simonnin sans attendre
200 que le vieillard eût fermé la porte.

— Il a l'air d'un déterré, reprit le dernier clerc*.

— C'est quelque colonel qui réclame un arriéré, dit le Maître-clerc*.

— Non, c'est un ancien concierge, dit Godeschal.

— Parions qu'il est noble, s'écria Boucard.

205 — Je parie qu'il a été portier, répliqua Godeschal. Les portiers sont
seuls doués par la nature de carricks* usés, huileux et déchiquetés par
le bas comme l'est celui de ce vieux bonhomme ! Vous n'avez donc vu
ni ses bottes éculées qui prennent l'eau, ni sa cravate qui lui sert de
chemise ? Il a couché sous les ponts.

210 — Il pourrait être noble et avoir tiré le cordon[2], s'écria Desroches.
Ça s'est vu !

— Non, reprit Boucard au milieu des rires, je soutiens qu'il a été
brasseur [3] en 1789, et colonel sous la République [4].

— Ah ! je parie un spectacle pour tout le monde qu'il n'a pas été
215 soldat, dit Godeschal.

— Ça va, répliqua Boucard.

— Monsieur ! monsieur ? cria le petit clerc en ouvrant la fenêtre.

— Que fais-tu, Simonnin ? demanda Boucard.

— Je l'appelle pour lui demander s'il est colonel ou portier, il doit le
220 savoir, lui. »

Tous les clercs se mirent à rire. Quant au vieillard, il remontait
déjà l'escalier.

« Qu'allons-nous lui dire ? s'écria Godeschal.

— Laissez-moi faire ! » répondit Boucard.

225 Le pauvre homme rentra timidement en baissant les yeux, peut-
être pour ne pas révéler sa faim en regardant avec trop d'avidité
les comestibles.

---

1. Crâne : homme volontaire et fier qui défie l'autorité. Ne pas confondre avec l'expression
   populaire : « Quel crâneur ! »
2. Avoir tiré le cordon : avoir été portier. Le portier ouvrait la porte aux locataires, en tirant
   sur une corde, à partir de son petit logement situé près du hall d'entrée.
3. Brasseur : personne qui brasse de la bière, c'est-à-dire qui en fait la fabrication ou la vente
   en gros.
4. République : on fait référence à la Première République française, de 1792 à 1804. Dans un
   régime républicain, le pouvoir du gouvernement est détenu par plusieurs individus, plutôt que
   par un seul (par exemple, un roi).

« Monsieur, lui dit Boucard, voulez-vous avoir la complaisance de nous donner votre nom, afin que le patron sache si…

230 — Chabert.

— Est-ce le colonel mort à Eylau[1] ? demanda Huré qui n'ayant encore rien dit était jaloux d'ajouter une raillerie à toutes les autres.

— Lui-même, monsieur, répondit le bonhomme avec une simplicité antique[2]. Et il se retira.

235 — Chouit !

— Dégommé !

— Puff !

— Oh !

— Ah !

240 — Bâoun !

— Ah ! le vieux drôle !

— Trinn, la, la, trinn, trinn !

— Enfoncé !

— Monsieur Desroches, vous irez au spectacle sans payer », dit
245 Huré au quatrième clerc, en lui donnant sur l'épaule une tape à tuer un rhinocéros.

Ce fut un torrent de cris, de rires et d'exclamations, à la peinture duquel on userait toutes les onomatopées de la langue.

« À quel théâtre irons-nous ?

250 — À l'Opéra[3] ! s'écria le Principal*.

— D'abord, reprit Godeschal, le théâtre n'a pas été désigné. Je puis, si je veux, vous mener chez madame Saqui[4].

— Madame Saqui n'est pas un spectacle, dit Desroches.

— Qu'est-ce qu'un spectacle ? reprit Godeschal. Établissons
255 d'abord le *point de fait*[5]. Qu'ai-je parié, messieurs ? un spectacle. Qu'est-ce qu'un spectacle ? une chose qu'on voit…

---

1. Eylau : bataille d'Eylau, contre les Russes, pendant l'hiver 1807. Ce fut une demi-victoire pour les troupes françaises dirigées par Napoléon.

2. Simplicité antique : manière d'attribuer à Chabert le calme, la simplicité et la grandeur des Anciens (de l'Antiquité).

3. Opéra : célèbre salle de théâtre à Paris.

4. Madame Saqui (1786-1866) : acrobate célèbre sous l'Empire.

5. Établissons […] le point de fait : Éclaircissons […] la question. Balzac fait ici un jeu de mots, car l'expression « point de fait » renvoie à la procédure juridique qui, au début d'un procès, oblige à décliner les noms et domiciles des deux parties impliquées, ainsi que l'objet de la cause.

— Mais dans ce système-là, vous vous acquitteriez donc en nous menant voir l'eau couler sous le Pont-Neuf [1]? s'écria Simonnin en interrompant.

260 — Qu'on voit pour de l'argent, disait Godeschal en continuant.

— Mais on voit pour de l'argent bien des choses qui ne sont pas un spectacle. La définition n'est pas exacte, dit Desroches.

— Mais, écoutez-moi donc!

— Vous déraisonnez, mon cher, dit Boucard.

265 — Curtius est-il un spectacle? dit Godeschal.

— Non, répondit le Maître-clerc*, c'est un cabinet de figures.

— Je parie cent francs contre un sou, reprit Godeschal, que le cabinet de Curtius [2] constitue l'ensemble de choses auquel est dévolu le nom de spectacle. Il comporte une chose à voir à différents prix, 270 suivant les différentes places où l'on veut se mettre.

— Et *berlik berlok,* dit Simonnin.

— Prends garde que je ne te gifle, toi!» dit Godeschal.

Les clercs* haussèrent les épaules.

« D'ailleurs, il n'est pas prouvé que ce vieux singe ne se soit pas 275 moqué de nous, dit-il en cessant son argumentation étouffée par le rire des autres clercs. En conscience, le colonel Chabert est bien mort, sa femme est remariée au comte Ferraud, conseiller d'État. Madame Ferraud est une des clientes de l'Étude*!

— La cause est remise à demain, dit Boucard. À l'ouvrage, mes-280 sieurs! Sac-à-papier! l'on ne fait rien ici. Finissez donc votre requête, elle doit être signifiée [3] avant l'audience de la quatrième Chambre. L'affaire se juge aujourd'hui. Allons, à cheval.

— Si c'eût été le colonel Chabert, est-ce qu'il n'aurait pas chaussé le bout de son pied dans le postérieur de ce farceur de Simonnin 285 quand il a fait le sourd? dit Desroches en regardant cette observation comme plus concluante que celle de Godeschal.

---

1. Pont-Neuf: pont célèbre de Paris où l'on devait débourser un droit de péage pour le franchir.
2. Cabinet de Curtius: cabinet de figures de cire fondé par l'Allemand Curtius, en 1770.
3. Signifiée: la partie adverse doit être informée, de façon légale, des actions juridiques qui seront entreprises.

— Puisque rien n'est décidé, reprit Boucard, convenons d'aller aux secondes loges des Français[1] voir Talma dans Néron[2]. Simonnin ira au parterre[3]. »

290   Là-dessus, le Maître-clerc s'assit à son bureau, et chacun l'imita.

« *Rendue en juin mil huit cent quatorze* (en toutes lettres), dit Godeschal, y êtes-vous?

— Oui, répondirent les deux copistes et le grossoyeur dont les plumes recommencèrent à crier sur le papier timbré* en faisant dans 295 l'Étude le bruit de cent hannetons enfermés par des écoliers dans des cornets de papier.

— *Et nous espérons que Messieurs composant le tribunal,* dit l'improvisateur. Halte! il faut que je relise ma phrase, je ne me comprends plus moi-même.

300   — Quarante-six... Ça doit arriver souvent!... Et trois, quarante-neuf, dit Boucard.

— *Nous espérons,* reprit Godeschal après avoir tout relu, *que Messieurs composant le tribunal ne seront pas moins grands que ne l'est l'auguste auteur de l'ordonnance*, et qu'ils feront justice*[4] des misérables 305 prétentions de l'administration de la grande chancellerie de la Légion d'honneur*[5] en fixant la jurisprudence*[6] dans le sens large que nous établissons ici...*

— Monsieur Godeschal, voulez-vous un verre d'eau? dit le petit clerc.

310   — Ce farceur de Simonnin! dit Boucard. Tiens, apprête tes chevaux à double semelle, prends ce paquet, et valse jusqu'aux Invalides[7].

---

1. Secondes loges des Français: places du deuxième étage du théâtre de la Comédie-Française.
2. Talma, François-Joseph (1763-1826): célèbre tragédien, fort apprécié par l'empereur Napoléon. Il jouera le personnage de Néron dans la pièce *Britannicus* de Racine. En 1818, il est suspect d'aller voir jouer un acteur qui fut si près du pouvoir impérial.
3. Parterre: partie d'une salle de théâtre, située au rez-de-chaussée, derrière les fauteuils d'orchestre. À cette époque, on s'y tenait habituellement debout, donc la place y était moins chère.
4. Feront justice: désapprouveront, blâmeront quelqu'un de quelque chose.
5. Légion d'honneur: ordre créé par Napoléon pour récompenser ses sujets des services rendus à la nation.
6. Jurisprudence: ensemble des décisions d'un tribunal. Façon courante dont le tribunal statue sur un sujet donné.
7. Invalides: à Paris, hospice fondé par Louis XIV pour recevoir les invalides.

— *Que nous établissons ici,* reprit Godeschal. Ajoutez : *dans l'intérêt de madame…* (en toutes lettres) *la vicomtesse de Grandlieu…*

— Comment ! s'écria le Maître-clerc*, vous vous avisez de faire des
315 requêtes dans l'affaire vicomtesse de Grandlieu contre Légion d'honneur*, une affaire pour compte d'Étude*, entreprise à forfait ? Ah ! vous
êtes un fier nigaud ! Voulez-vous bien me mettre de côté vos copies et
votre minute, gardez-moi cela pour l'affaire Navarreins contre les
Hospices. Il est tard, je vais faire un bout de placet*, avec des *attendu*[1],
320 et j'irai moi-même au Palais*… »

Cette scène représente un des mille plaisirs qui, plus tard, font dire
en pensant à la jeunesse : « C'était le bon temps ! »

Vers une heure du matin, le prétendu colonel Chabert vint frapper
à la porte de maître Derville, avoué* près le tribunal de première ins-
325 tance du département de la Seine. Le portier lui répondit que monsieur Derville n'était pas rentré. Le vieillard allégua le rendez-vous et
monta chez ce célèbre légiste qui, malgré sa jeunesse, passait pour être
une des plus fortes têtes du Palais. Après avoir sonné, le défiant solli-
citeur ne fut pas médiocrement étonné de voir le Premier clerc* occupé
330 à ranger sur la table de la salle à manger de son patron les nombreux
dossiers des affaires qui *venaient* le lendemain en ordre utile. Le clerc*,
non moins étonné, salua le colonel en le priant de s'asseoir : ce que fit
le plaideur.

« Ma foi, monsieur, j'ai cru que vous plaisantiez hier en m'indi-
335 quant une heure si matinale pour une consultation, dit le vieillard
avec la fausse gaieté d'un homme ruiné qui s'efforce de sourire.

— Les clercs plaisantaient et disaient vrai tout ensemble, reprit le
Principal* en continuant son travail. Monsieur Derville a choisi cette
heure pour examiner ses causes, en résumer les moyens, en ordonner
340 la conduite, en disposer les *défenses*. Sa prodigieuse intelligence est
plus libre en ce moment, le seul où il obtienne le silence et la tranquillité nécessaire à la conception des bonnes idées. Vous êtes, depuis qu'il
est avoué, le troisième exemple d'une consultation donnée à cette
heure nocturne. Après être rentré, le patron discutera chaque affaire,
345 lira tout, passera peut-être quatre ou cinq heures à sa besogne ; puis,

---

1. Attendu : explications, qui servent d'introduction aux motifs d'une requête ou d'un jugement, précédées de la locution « attendu que », c'est-à-dire « étant donné que ».

il me sonnera et m'expliquera ses intentions. Le matin, de dix heures à deux heures, il écoute ses clients, puis il emploie le reste de la journée à ses rendez-vous. Le soir, il va dans le monde pour y entretenir ses relations. Il n'a donc que la nuit pour creuser ses procès,
350 fouiller les arsenaux du Code[1] et faire ses plans de bataille. Il ne veut pas perdre une seule cause, il a l'amour de son art. Il ne se charge pas, comme ses confrères, de toute espèce d'affaire. Voilà sa vie, qui est singulièrement active. Aussi gagne-t-il beaucoup d'argent. »

En entendant cette explication, le vieillard resta silencieux, et sa
355 bizarre figure prit une expression si dépourvue d'intelligence, que le clerc, après l'avoir regardé, ne s'occupa plus de lui. Quelques instants après, Derville rentra, mis en costume de bal ; son Maître-clerc lui ouvrit la porte, et se remit à achever le classement des dossiers. Le jeune avoué demeura pendant un moment stupéfait en entrevoyant
360 dans le clair-obscur le singulier client qui l'attendait. Le colonel Chabert était aussi parfaitement immobile que peut l'être une figure en cire de ce cabinet de Curtius* où Godeschal avait voulu mener ses camarades. Cette immobilité n'aurait peut-être pas été un sujet d'étonnement, si elle n'eût complété le spectacle surnaturel que pré-
365 sentait l'ensemble du personnage. Le vieux soldat était sec et maigre. Son front, volontairement caché sous les cheveux de sa perruque lisse, lui donnait quelque chose de mystérieux. Ses yeux paraissaient couverts d'une taie transparente : vous eussiez dit de la nacre sale dont les reflets bleuâtres chatoyaient à la lueur des bougies. Le visage pâle,
370 livide, et en lame de couteau, s'il est permis d'emprunter cette expression vulgaire, semblait mort. Le cou était serré par une mauvaise cravate de soie noire. L'ombre cachait si bien le corps à partir de la ligne brune que décrivait ce haillon, qu'un homme d'imagination aurait pu prendre cette vieille tête pour quelque silhouette due au
375 hasard, ou pour un portrait de Rembrandt[2], sans cadre. Les bords du chapeau qui couvrait le front du vieillard projetaient un sillon noir sur le haut du visage. Cet effet bizarre, quoique naturel, faisait

---

1. Fouiller les arsenaux du Code : Derville cherche, dans le Code civil (l'ensemble des lois civiles), l'arsenal pertinent (c'est-à-dire des articles de loi adéquats) pour assurer la défense de ses clients.
2. Rembrandt (1606-1669) : célèbre peintre hollandais, reconnu pour représenter ses sujets plongés dans une demi-obscurité.

Le vieillard se découvrit promptement et se leva
pour saluer le jeune homme [...]

— Monsieur, lui dit Derville, à qui ai-je l'honneur
de parler ?

— Au colonel Chabert.

— Lequel ?

— Celui qui est mort à Eylau », répondit le vieillard.

Lignes 396 à 412.

ILLUSTRATION DE LOUIS PHILIPPE ALPHONSE BICHEBOIS.

ressortir, par la brusquerie du contraste, les rides blanches, les sinuo-
sités froides, le sentiment décoloré de cette physionomie cadavéreuse.
380 Enfin l'absence de tout mouvement dans le corps, de toute chaleur
dans le regard, s'accordait avec une certaine expression de démence
triste, avec les dégradants symptômes par lesquels se caractérise
l'idiotisme, pour faire de cette figure je ne sais quoi de funeste qu'aucune parole humaine ne pourrait exprimer. Mais un observateur, et
385 surtout un avoué*, aurait trouvé de plus en cet homme foudroyé les
signes d'une douleur profonde, les indices d'une misère qui avait
dégradé ce visage, comme les gouttes d'eau tombées du ciel sur
un beau marbre l'ont à la longue défiguré. Un médecin, un auteur, un
magistrat eussent pressenti tout un drame à l'aspect de cette sublime
390 horreur dont le moindre mérite était de ressembler à ces fantaisies
que les peintres s'amusent à dessiner au bas de leurs pierres lithographiques[1] en causant avec leurs amis.

En voyant l'avoué, l'inconnu tressaillit par un mouvement
convulsif semblable à celui qui échappe aux poètes quand un bruit
395 inattendu vient les détourner d'une féconde rêverie, au milieu du
silence et de la nuit. Le vieillard se découvrit promptement et se leva
pour saluer le jeune homme; le cuir qui garnissait l'intérieur de son
chapeau étant sans doute fort gras, sa perruque y resta collée sans
qu'il s'en aperçût, et laissa voir à nu son crâne horriblement mutilé
400 par une cicatrice transversale qui prenait à l'occiput et venait mourir
à l'œil droit, en formant partout une grosse couture saillante.
L'enlèvement soudain de cette perruque sale, que le pauvre homme
portait pour cacher sa blessure, ne donna nulle envie de rire aux deux
gens de loi, tant ce crâne fendu était épouvantable à voir. La première
405 pensée que suggérait l'aspect de cette blessure était celle-ci: « Par là
s'est enfuie l'intelligence! »

« Si ce n'est pas le colonel Chabert, ce doit être un fier troupier!
pensa Boucard.

— Monsieur, lui dit Derville, à qui ai-je l'honneur de parler?
410   — Au colonel Chabert.

— Lequel?

— Celui qui est mort à Eylau* », répondit le vieillard.

---

1. Pierres lithographiques: pierres gravées qui servent d'estampe.

« Monsieur, dit le défunt, peut-être savez-vous que je commandais
un régiment de cavalerie à Eylau. J'ai été pour beaucoup
dans le succès de la célèbre charge que fit Murat, et qui
décida le gain de la bataille. […] »

Lignes 431 à 434.

En entendant cette singulière phrase, le clerc* et l'avoué* se jetèrent un regard qui signifiait : « C'est un fou ! »

415   « Monsieur, reprit le colonel, je désirerais ne confier qu'à vous le
secret de ma situation. »

Une chose digne de remarque est l'intrépidité naturelle aux avoués.
Soit l'habitude de recevoir un grand nombre de personnes, soit le
profond sentiment de la protection que les lois leur accordent, soit
420 confiance en leur ministère [1], ils entrent partout sans rien craindre,
comme les prêtres et les médecins. Derville fit un signe à Boucard,
qui disparut.

« Monsieur, reprit l'avoué, pendant le jour je ne suis pas trop avare
de mon temps ; mais au milieu de la nuit les minutes me sont pré-
425 cieuses. Ainsi, soyez bref et concis. Allez au fait sans digression [2]. Je
vous demanderai moi-même les éclaircissements qui me sembleront
nécessaires. Parlez. »

Après avoir fait asseoir son singulier client, le jeune homme s'assit
lui-même devant la table ; mais, tout en prêtant son attention au dis-
430 cours du feu colonel, il feuilleta ses dossiers.

« Monsieur, dit le défunt, peut-être savez-vous que je commandais
un régiment de cavalerie à Eylau*. J'ai été pour beaucoup dans le
succès de la célèbre charge que fit Murat [3], et qui décida le gain de la
bataille. Malheureusement pour moi, ma mort est un fait historique
435 consigné dans les *Victoires et Conquêtes* [4], où elle est rapportée en
détail. Nous fendîmes en deux les trois lignes russes, qui, s'étant aussitôt reformées, nous obligèrent à les retraverser en sens contraire. Au
moment où nous revenions vers l'Empereur [5], après avoir dispersé les

---

1. Ministère : fonction, charge, emploi.
2. Digression : développement qui s'éloigne du sujet sur lequel on disserte.
3. Murat, Joachim (1767-1815) : combattit aux côtés de Napoléon lors des grandes batailles et
   obtint plusieurs titres militaires et de noblesse. Il épousa Caroline — la sœur de Napoléon —
   en 1800.
4. *Victoires et Conquêtes* : ouvrage de 29 volumes, relatant les événements militaires de la France
   sous la Révolution et l'Empire, qui parut entre 1817 et 1823. Cet ouvrage, qui mettait en relief
   les talents militaires de Napoléon, eut beaucoup de succès.
5. Empereur : Napoléon Bonaparte (1769-1821) s'est fait couronner empereur en 1804. Il assura
   le pouvoir de son Empire par les guerres de conquêtes. Après la défaite de Waterloo, en 1815,
   il est exilé sur l'île Sainte-Hélène.

Russes, je rencontrai un gros de cavalerie[1] ennemie. Je me précipitai
440 sur ces entêtés-là. Deux officiers russes, deux vrais géants, m'attaquè-
rent à la fois. L'un d'eux m'appliqua sur la tête un coup de sabre qui
fendit tout jusqu'à un bonnet de soie noire que j'avais sur la tête, et
m'ouvrit profondément le crâne. Je tombai de cheval. Murat* vint à
mon secours, il me passa sur le corps, lui et tout son monde, quinze
445 cents hommes, excusez du peu! Ma mort fut annoncée à l'Empereur*,
qui, par prudence (il m'aimait un peu, le patron!), voulut savoir s'il
n'y aurait pas quelque chance de sauver l'homme auquel il était
redevable de cette vigoureuse attaque. Il envoya, pour me reconnaître
et me rapporter aux ambulances, deux chirurgiens en leur disant,
450 peut-être trop négligemment, car il avait de l'ouvrage : "Allez donc
voir si, par hasard, mon pauvre Chabert vit encore?" Ces sacrés carabins[2], qui venaient de me voir foulé aux pieds par les chevaux de deux
régiments, se dispensèrent sans doute de me tâter le pouls et dirent
que j'étais bien mort. L'acte de mon décès fut donc probablement
455 dressé d'après les règles établies par la jurisprudence* militaire. »

En entendant son client s'exprimer avec une lucidité parfaite et
raconter des faits si vraisemblables, quoique étranges, le jeune avoué*
laissa ses dossiers, posa son coude gauche sur la table, se mit la tête
dans la main, et regarda le colonel fixement.

460 « Savez-vous, monsieur, lui dit-il en l'interrompant, que je suis
l'avoué de la comtesse Ferraud, veuve du colonel Chabert?

— Ma femme! Oui, monsieur. Aussi, après cent démarches
infructueuses chez des gens de loi qui m'ont tous pris pour un fou,
me suis-je déterminé à venir vous trouver. Je vous parlerai de mes
465 malheurs plus tard. Laissez-moi d'abord vous établir les faits, vous
expliquer plutôt comme ils ont dû se passer, que comme ils sont
arrivés. Certaines circonstances, qui ne doivent être connues que du
Père éternel, m'obligent à en présenter plusieurs comme des hypo-
thèses. Donc, monsieur, les blessures que j'ai reçues auront probable-
470 ment produit un tétanos, ou m'auront mis dans une crise analogue
à une maladie nommée, je crois, catalepsie[3]. Autrement comment

---

1. Un gros de cavalerie : une troupe importante de cavaliers.
2. Carabins (familier) : étudiants en médecine.
3. Catalepsie : paralysie temporaire, léthargie.

concevoir que j'aie été, suivant l'usage de la guerre, dépouillé de mes
vêtements, et jeté dans la fosse aux soldats par les gens chargés d'en-
terrer les morts ? Ici, permettez-moi de placer un détail que je n'ai pu
475 connaître que postérieurement à l'événement qu'il faut bien appeler
ma mort. J'ai rencontré, en 1814, à Stuttgart, un ancien maréchal des
logis [1] de mon régiment. Ce cher homme, le seul qui ait voulu me
reconnaître, et de qui je vous parlerai tout à l'heure, m'expliqua le
phénomène de ma conservation, en me disant que mon cheval avait
480 reçu un boulet dans le flanc au moment où je fus blessé moi-même.
La bête et le cavalier s'étaient donc abattus comme des capucins de
cartes [2]. En me renversant, soit à droite, soit à gauche, j'avais été sans
doute couvert par le corps de mon cheval qui m'empêcha d'être
écrasé par les chevaux, ou atteint par des boulets. Lorsque je revins à
485 moi, monsieur, j'étais dans une position et dans une atmosphère dont
je ne vous donnerais pas une idée en vous entretenant jusqu'à
demain. Le peu d'air que je respirais était méphitique [3]. Je voulus me
mouvoir, et ne trouvai point d'espace. En ouvrant les yeux, je ne vis
rien. La rareté de l'air fut l'accident le plus menaçant, et qui m'éclaira
490 le plus vivement sur ma position. Je compris que là où j'étais, l'air ne
se renouvelait point, et que j'allais mourir. Cette pensée m'ôta le sentiment de la douleur inexprimable par laquelle j'avais été réveillé. Mes
oreilles tintèrent violemment. J'entendis, ou crus entendre, je ne veux
rien affirmer, des gémissements poussés par le monde de cadavres au
495 milieu duquel je gisais. Quoique la mémoire de ces moments soit bien
ténébreuse, quoique mes souvenirs soient bien confus, malgré les
impressions de souffrances encore plus profondes que je devais
éprouver et qui ont brouillé mes idées, il y a des nuits où je crois
encore entendre ces soupirs étouffés ! Mais il y a eu quelque chose de
500 plus horrible que les cris, un silence que je n'ai jamais retrouvé nulle
part, le vrai silence du tombeau. Enfin, en levant les mains, en tâtant
les morts, je reconnus un vide entre ma tête et le fumier humain supé-
rieur. Je pus donc mesurer l'espace qui m'avait été laissé par un hasard

---

1. Maréchal des logis : sous-officier de cavalerie ou d'artillerie chargé, principalement, de loger
les troupes militaires.
2. Capucins de cartes : « jeu de cartes pliées et entaillées en forme de capuce [capuchons
des moines], que les enfants s'amusaient à renverser » (*Le Grand Robert*).
3. Méphitique : toxique, puant.

« [...] je fus enfin dégagé par une femme assez hardie ou assez
curieuse pour s'approcher de ma tête qui semblait avoir
poussé hors de terre comme un champignon. Cette femme
alla chercher son mari, et tous deux me transportèrent
dans leur pauvre baraque. [...] »

Lignes 536 à 540.

dont la cause m'était inconnue. Il paraît, grâce à l'insouciance ou à la
505 précipitation avec laquelle on nous avait jetés pêle-mêle, que deux
morts s'étaient croisés au-dessus de moi de manière à décrire un
angle semblable à celui de deux cartes mises l'une contre l'autre par
un enfant qui pose les fondements d'un château. En furetant avec
promptitude, car il ne fallait pas flâner, je rencontrai fort heureuse-
510 ment un bras qui ne tenait à rien, le bras d'un Hercule! un bon os
auquel je dus mon salut. Sans ce secours inespéré, je périssais! Mais,
avec une rage que vous devez concevoir, je me mis à travailler les
cadavres qui me séparaient de la couche de terre sans doute jetée sur
nous, je dis nous, comme s'il y eût eu des vivants! J'y allais ferme,
515 monsieur, car me voici! Mais je ne sais pas aujourd'hui comment j'ai
pu parvenir à percer la couverture de chair qui mettait une barrière
entre la vie et moi. Vous me direz que j'avais trois bras! Ce levier, dont
je me servais avec habileté, me procurait toujours un peu de l'air qui
se trouvait entre les cadavres que je déplaçais, et je ménageais mes
520 aspirations. Enfin je vis le jour, mais à travers la neige, monsieur! En
ce moment, je m'aperçus que j'avais la tête ouverte. Par bonheur, mon
sang, celui de mes camarades ou la peau meurtrie de mon cheval
peut-être, que sais-je! m'avait, en se coagulant, comme enduit d'un
emplâtre naturel. Malgré cette croûte, je m'évanouis quand mon
525 crâne fut en contact avec la neige. Cependant, le peu de chaleur qui
me restait ayant fait fondre la neige autour de moi, je me trouvai,
quand je repris connaissance, au centre d'une petite ouverture par
laquelle je criai aussi longtemps que je le pus. Mais alors le soleil se
levait, j'avais donc bien peu de chances pour être entendu. Y avait-il
530 déjà du monde aux champs? Je me haussais en faisant de mes pieds
un ressort dont le point d'appui était sur les défunts qui avaient les
reins solides. Vous sentez que ce n'était pas le moment de leur dire:
Respect au courage malheureux! Bref, monsieur, après avoir eu la douleur, si le mot peut rendre ma rage, de voir pendant longtemps! oh!
535 oui, longtemps! ces sacrés Allemands se sauvant en entendant une
voix là où ils n'apercevaient point d'homme, je fus enfin dégagé par
une femme assez hardie ou assez curieuse pour s'approcher de ma
tête qui semblait avoir poussé hors de terre comme un champignon.
Cette femme alla chercher son mari, et tous deux me transportèrent

540 dans leur pauvre baraque. Il paraît que j'eus une rechute de catalepsie*,
passez-moi cette expression pour vous peindre un état duquel je n'ai
nulle idée, mais que j'ai jugé, sur les dires de mes hôtes, devoir être un
effet de cette maladie. Je suis resté pendant six mois entre la vie et la
mort, ne parlant pas, ou déraisonnant quand je parlais. Enfin mes
545 hôtes me firent admettre à l'hôpital d'Heilsberg. Vous comprenez,
monsieur, que j'étais sorti du ventre de la fosse aussi nu que de celui
de ma mère; en sorte que, six mois après, quand, un beau matin, je
me souvins d'avoir été le colonel Chabert, et qu'en recouvrant ma
raison je voulus obtenir de ma garde plus de respect qu'elle n'en
550 accordait à un pauvre diable, tous mes camarades de chambrée se
mirent à rire. Heureusement pour moi, le chirurgien avait répondu, par
amour-propre, de ma guérison, et s'était naturellement intéressé à son
malade. Lorsque je lui parlai d'une manière suivie de mon ancienne
existence, ce brave homme, nommé Sparchmann, fit constater, dans les
555 formes juridiques voulues par le droit du pays, la manière miraculeuse
dont j'étais sorti de la fosse des morts, le jour et l'heure où j'avais été
trouvé par ma bienfaitrice et par son mari; le genre, la position exacte
de mes blessures, en joignant à ces différents procès-verbaux une description de ma personne. Eh bien, monsieur, je n'ai ni ces pièces
560 importantes, ni la déclaration que j'ai faite chez un notaire d'Heilsberg,
en vue d'établir mon identité! Depuis le jour où je fus chassé de cette
ville par les événements de la guerre, j'ai constamment erré comme un
vagabond, mendiant mon pain, traité de fou lorsque je racontais mon
aventure, et sans avoir ni trouvé, ni gagné un sou pour me procurer les
565 actes qui pouvaient prouver mes dires, et me rendre à la vie sociale.
Souvent, mes douleurs me retenaient durant des semestres entiers
dans de petites villes où l'on prodiguait des soins au Français malade,
mais où l'on riait au nez de cet homme dès qu'il prétendait être le
colonel Chabert. Pendant longtemps ces rires, ces doutes me mettaient
570 dans une fureur qui me nuisit et me fit même enfermer comme fou à
Stuttgart. À la vérité, vous pouvez juger, d'après mon récit, qu'il y avait
des raisons suffisantes pour faire coffrer un homme! Après deux ans
de détention que je fus obligé de subir, après avoir entendu mille fois
mes gardiens disant: "Voilà un pauvre homme qui croit être le colonel
575 Chabert!" à des gens qui répondaient: "Le pauvre homme!" je fus

convaincu de l'impossibilité de ma propre aventure, je devins triste, résigné, tranquille, et renonçai à me dire le colonel Chabert, afin de pouvoir sortir de prison et revoir la France. Oh! monsieur, revoir Paris! c'était un délire que je ne... »

580 À cette phrase inachevée, le colonel Chabert tomba dans une rêverie profonde que Derville respecta.

« Monsieur, un beau jour, reprit le client, un jour de printemps, on me donna la clef des champs et dix thalers[1], sous prétexte que je parlais très sensément sur toutes sortes de sujets et que je ne me disais 585 plus le colonel Chabert. Ma foi, vers cette époque, et encore aujourd'hui, par moments, mon nom m'est désagréable. Je voudrais n'être pas moi. Le sentiment de mes droits me tue. Si ma maladie m'avait ôté tout souvenir de mon existence passée, j'aurais été heureux! J'eusse repris du service sous un nom quelconque, et qui sait? 590 je serais peut-être devenu feld-maréchal[2] en Autriche ou en Russie.

— Monsieur, dit l'avoué*, vous brouillez toutes mes idées. Je crois rêver en vous écoutant. De grâce, arrêtons-nous pendant un moment.

— Vous êtes, dit le colonel d'un air mélancolique, la seule personne qui m'ait si patiemment écouté. Aucun homme de loi n'a voulu 595 m'avancer dix napoléons[3] afin de faire venir d'Allemagne les pièces nécessaires pour commencer mon procès...

— Quel procès? dit l'avoué, qui oubliait la situation douloureuse de son client en entendant le récit de ses misères passées.

— Mais, monsieur, la comtesse Ferraud n'est-elle pas ma femme! 600 Elle possède trente mille livres de rente qui m'appartiennent, et ne veut pas me donner deux liards[4]. Quand je dis ces choses à des avoués, à des hommes de bon sens; quand je propose, moi, mendiant, de plaider contre un comte et une comtesse; quand je m'élève, moi, mort, contre un acte de décès, un acte de mariage et des actes de nais-605 sance, ils m'éconduisent, suivant leur caractère, soit avec cet air froidement poli que vous savez prendre pour vous débarrasser d'un

---

1. Thalers: anciennes monnaies d'argent allemandes.
2. Feld-maréchal: grade le plus élevé dans la hiérarchie militaire de l'époque, en Allemagne et en Autriche.
3. Napoléons: anciennes pièces d'or françaises frappées à l'effigie de l'empereur Napoléon Bonaparte.
4. Liards: anciennes monnaies de cuivre françaises qui valaient trois deniers ou le quart d'un sou.

malheureux, soit brutalement, en gens qui croient rencontrer un intrigant [1] ou un fou. J'ai été enterré sous des morts, mais maintenant je suis enterré sous des vivants, sous des actes, sous des faits, sous la
610 société tout entière, qui veut me faire rentrer sous terre !

— Monsieur, veuillez poursuivre maintenant, dit l'avoué*.

— *Veuillez*, s'écria le malheureux vieillard en prenant la main du jeune homme, voilà le premier mot de politesse que j'entends depuis… »
615 Le colonel pleura. La reconnaissance étouffa sa voix. Cette pénétrante et indicible éloquence qui est dans le regard, dans le geste, dans le silence même, acheva de convaincre Derville et le toucha vivement.

« Écoutez, monsieur, dit-il à son client, j'ai gagné ce soir trois cents francs au jeu ; je puis bien employer la moitié de cette somme à
620 faire le bonheur d'un homme. Je commencerai les poursuites et diligences nécessaires pour vous procurer les pièces dont vous me parlez, et jusqu'à leur arrivée je vous remettrai cent sous par jour. Si vous êtes le colonel Chabert, vous saurez pardonner la modicité du prêt à un jeune homme qui a sa fortune à faire. Poursuivez. »
625 Le prétendu colonel resta pendant un moment immobile et stupéfait : son extrême malheur avait sans doute détruit ses croyances. S'il courait après son illustration militaire, après sa fortune, après lui-même, peut-être était-ce pour obéir à ce sentiment inexplicable, en germe dans le cœur de tous les hommes, et auquel nous devons les
630 recherches des alchimistes, la passion de la gloire, les découvertes de l'astronomie, de la physique, tout ce qui pousse l'homme à se grandir en se multipliant par les faits ou par les idées. L'*ego* [2], dans sa pensée, n'était plus qu'un objet secondaire, de même que la vanité du triomphe ou le plaisir du gain deviennent plus chers au parieur que
635 ne l'est l'objet du pari. Les paroles du jeune avoué furent donc comme un miracle pour cet homme rebuté pendant dix années par sa femme, par la justice, par la création sociale entière. Trouver chez un avoué ces dix pièces d'or qui lui avaient été refusées pendant si longtemps, par tant de personnes et de tant de manières ! Le colonel ressemblait à
640 cette dame qui, ayant eu la fièvre durant quinze années, crut avoir

1. Intrigant : personne qui dissimule, qui manœuvre, pour parvenir à ses fins.
2. L'ego : Le « moi » ; L'« être ». Ce terme n'a pas encore la définition que lui donnera la psychanalyse du xxᵉ siècle.

changé de maladie le jour où elle fut guérie. Il est des félicités auxquelles on ne croit plus ; elles arrivent, c'est la foudre, elles consu-
ment. Aussi la reconnaissance du pauvre homme était-elle trop vive
pour qu'il pût l'exprimer. Il eût paru froid aux gens superficiels, mais
645 Derville devina toute une probité[1] dans cette stupeur. Un fripon
aurait eu de la voix.

« Où en étais-je ? dit le colonel avec la naïveté d'un enfant ou d'un
soldat, car il y a souvent de l'enfant dans le vrai soldat, et presque toujours du soldat chez l'enfant, surtout en France.

650   — À Stuttgart. Vous sortiez de prison, répondit l'avoué.
          — Vous connaissez ma femme ? demanda le colonel.
          — Oui, répliqua Derville en inclinant la tête.
          — Comment est-elle ?
          — Toujours ravissante. »

655 Le vieillard fit un signe de main, et parut dévorer quelque secrète
douleur avec cette résignation grave et solennelle qui caractérise les
hommes éprouvés dans le sang et le feu des champs de bataille.

« Monsieur », dit-il avec une sorte de gaieté ; car il respirait, ce
pauvre colonel, il sortait une seconde fois de la tombe, il venait de
660 fondre une couche de neige moins soluble que celle qui jadis lui avait
glacé la tête, et il aspirait l'air comme s'il quittait un cachot.
« Monsieur, dit-il, si j'avais été joli garçon, aucun de mes malheurs ne
me serait arrivé. Les femmes croient les gens quand ils farcissent leurs
phrases du mot amour. Alors elles trottent, elles vont, elles se mettent
665 en quatre, elles intriguent, elles affirment les faits, elles font le diable
pour celui qui leur plaît. Comment aurais-je pu intéresser une
femme ? j'avais une face de *requiem*[2], j'étais vêtu comme un sans-
culotte[3], je ressemblais plutôt à un Esquimau qu'à un Français, moi
qui jadis passais pour le plus joli des muscadins[4], en 1799 ! moi,

---

1. Probité : honnêteté, intégrité.
2. Requiem : selon le rituel catholique, chant ou prière pour les morts. Au sens figuré :
   « figure de mort ».
3. Sans-culotte : les plus ardents défenseurs de la République se qualifiaient de sans-culotte,
   puisqu'ils se vêtaient d'un pantalon plutôt que de la culotte (pantalon coupé aux genoux)
   des aristocrates.
4. Muscadins : ceux qui faisaient preuve d'une élégance excessive et recherchée à l'époque
   du Directoire (1795-1799).

670 Chabert, comte de l'Empire[1] ! Enfin, le jour même où l'on me jeta sur le pavé comme un chien, je rencontrai le maréchal des logis* de qui je vous ai déjà parlé. Le camarade se nommait Boutin. Le pauvre diable et moi faisions la plus belle paire de rosses que j'aie jamais vue ; je l'aperçus à la promenade, si je le reconnus, il lui fut impossible de

675 deviner qui j'étais. Nous allâmes ensemble dans un cabaret. Là, quand je me nommai, la bouche de Boutin se fendit en éclats de rire comme un mortier[2] qui crève. Cette gaieté, monsieur, me causa l'un de mes plus vifs chagrins ! Elle me révélait sans fard tous les changements qui étaient survenus en moi ! J'étais donc méconnaissable, même pour

680 l'œil du plus humble et du plus reconnaissant de mes amis ! jadis j'avais sauvé la vie à Boutin, mais c'était une revanche que je lui devais. Je ne vous dirai pas comment il me rendit ce service. La scène eut lieu en Italie, à Ravenne. La maison où Boutin m'empêcha d'être poignardé n'était pas une maison fort décente. À cette

685 époque je n'étais pas colonel, j'étais simple cavalier, comme Boutin. Heureusement cette histoire comportait des détails qui ne pouvaient être connus que de nous seuls ; et, quand je les lui rappelai, son incrédulité diminua. Puis je lui contai les accidents de ma bizarre existence. Quoique mes yeux, ma voix fussent, me dit-il, singulièrement altérés,

690 que je n'eusse plus ni cheveux, ni dents, ni sourcils, que je fusse blanc comme un Albinos, il finit par retrouver son colonel dans le mendiant, après mille interrogations auxquelles je répondis victorieusement. Il me raconta ses aventures, elles n'étaient pas moins extraordinaires que les miennes : il revenait des confins de la Chine,

695 où il avait voulu pénétrer après s'être échappé de la Sibérie. Il m'apprit les désastres de la campagne de Russie et la première abdication de Napoléon[3]. Cette nouvelle est une des choses qui m'ont fait le plus de mal ! Nous étions deux débris curieux après avoir ainsi roulé sur le globe comme roulent dans l'Océan les cailloux emportés d'un rivage

700 à l'autre par les tempêtes. À nous deux nous avions vu l'Égypte,

---

1. Comte de l'Empire : ce n'est qu'en 1808 que Napoléon rétablit les titres de noblesse qui n'avaient plus cours depuis l'Ancien Régime.
2. Mortier : pièce d'artillerie, gros canon court.
3. Première abdication de Napoléon : abandon du pouvoir par Napoléon. Il dut abdiquer une première fois, en 1814, face aux troupes alliées ; puis, une seconde et dernière fois, en 1815, après la défaite de Waterloo, ce qui entraîna son exil sur l'île Sainte-Hélène.

la Syrie, l'Espagne, la Russie, la Hollande, l'Allemagne, l'Italie, la
Dalmatie, l'Angleterre, la Chine, la Tartarie, la Sibérie; il ne nous
manquait que d'être allés dans les Indes et en Amérique! Enfin, plus
ingambe[1] que je ne l'étais, Boutin se chargea d'aller à Paris le plus les-
705 tement possible afin d'instruire ma femme de l'état dans lequel je me
trouvais. J'écrivis à madame Chabert une lettre bien détaillée. C'était
la quatrième, monsieur! si j'avais eu des parents, tout cela ne serait
peut-être pas arrivé; mais, il faut vous l'avouer, je suis un enfant d'hôpital[2], un soldat qui pour patrimoine avait son courage, pour famille
710 tout le monde, pour patrie la France, pour tout protecteur le bon
Dieu. Je me trompe! j'avais un père, l'Empereur*! Ah! s'il était debout,
le cher homme! et qu'il vît *son Chabert*, comme il me nommait, dans
l'état où je suis, mais il se mettrait en colère. Que voulez-vous! notre
soleil[3] s'est couché, nous avons tous froid maintenant. Après tout, les
715 événements politiques pouvaient justifier le silence de ma femme!
Boutin partit. Il était bien heureux, lui! Il avait deux ours blancs supé-
rieurement dressés qui le faisaient vivre. Je ne pouvais l'accompagner;
mes douleurs ne me permettaient pas de faire de longues étapes. Je
pleurai, monsieur, quand nous nous séparâmes, après avoir marché
720 aussi longtemps que mon état put me le permettre en compagnie de
ses ours et de lui. À Carlsruhe j'eus un accès de névralgie à la tête, et
restai six semaines sur la paille dans une auberge! Je ne finirais pas,
monsieur, s'il fallait vous raconter tous les malheurs de ma vie de
mendiant. Les souffrances morales, auprès desquelles pâlissent les
725 douleurs physiques, excitent cependant moins de pitié, parce qu'on ne
les voit point. Je me souviens d'avoir pleuré devant un hôtel de
Strasbourg où j'avais donné jadis une fête, et où je n'obtins rien, pas
même un morceau de pain. Ayant déterminé de concert avec Boutin
l'itinéraire que je devais suivre, j'allais à chaque bureau de poste
730 demander s'il y avait une lettre et de l'argent pour moi. Je vins jusqu'à
Paris sans avoir rien trouvé. Combien de désespoirs ne m'a-t-il pas
fallu dévorer! "Boutin sera mort", me disais-je. En effet, le pauvre

---

1. Ingambe: qui possède l'usage normal de ses deux jambes.
2. Enfant d'hôpital: orphelin ou enfant trouvé à la charge de l'État.
3. Notre soleil: façon dont les bonapartistes qualifiaient Napoléon en exil sur l'île Sainte-Hélène.

diable avait succombé à Waterloo[1]. J'appris sa mort plus tard et par
hasard. Sa mission auprès de ma femme fut sans doute infructueuse.
735 Enfin j'entrai dans Paris en même temps que les Cosaques[2]. Pour moi
c'était douleur sur douleur. En voyant les Russes en France, je ne pensais plus que je n'avais ni souliers aux pieds ni argent dans ma poche.
Oui, monsieur, mes vêtements étaient en lambeaux. La veille de
mon arrivée je fus forcé de bivouaquer[3] dans les bois de Claye[4]. La
740 fraîcheur de la nuit me causa sans doute un accès de je ne sais quelle
maladie, qui me prit quand je traversai le faubourg Saint-Martin. Je
tombai presque évanoui à la porte d'un marchand de fer. Quand je
me réveillai, j'étais dans un lit à l'Hôtel-Dieu[5]. Là je restai pendant un
mois assez heureux. Je fus bientôt renvoyé. J'étais sans argent, mais
745 bien portant et sur le bon pavé de Paris. Avec quelle joie et quelle
promptitude j'allai rue du Mont-Blanc, où ma femme devait être
logée dans un hôtel[6] à moi! Bah! la rue du Mont-Blanc était devenue
la rue de la Chaussée-d'Antin[7]. Je n'y vis plus mon hôtel, il avait été
vendu, démoli. Des spéculateurs avaient bâti plusieurs maisons dans
750 mes jardins. Ignorant que ma femme fût mariée à monsieur Ferraud,
je ne pouvais obtenir aucun renseignement. Enfin je me rendis chez
un vieil avocat qui jadis était chargé de mes affaires. Le bonhomme
était mort après avoir cédé sa clientèle à un jeune homme. Celui-ci
m'apprit, à mon grand étonnement, l'ouverture de ma succession, sa
755 liquidation, le mariage de ma femme et la naissance de ses deux
enfants. Quand je lui dis être le colonel Chabert, il se mit à rire si fran-
chement que je le quittai sans lui faire la moindre observation. Ma
détention de Stuttgart me fit songer à Charenton[8], et je résolus d'agir

1. Waterloo : la défaite des troupes françaises lors de la bataille de Waterloo, en 1815, marque
   la chute de l'Empire et du règne de Napoléon Bonaparte.
2. Cosaques : le 6 juillet 1815, les Cosaques — cavaliers de l'armée russe — firent leur entrée à Paris.
3. Bivouaquer (argot militaire) : camper, dormir à la belle étoile.
4. Bois de Claye : bois situés à 25 km à l'est de Paris.
5. Hôtel-Dieu : grand hôpital de Paris.
6. Hôtel : hôtel particulier, riche demeure citadine.
7. Rue de la Chaussée-d'Antin : cette rue changea de nom à plusieurs reprises. Au début de
   la Révolution, elle est la rue Mirabeau, puis de 1793 à 1816, elle devient la rue Mont-Blanc.
   Ce n'est qu'en 1816 qu'elle reprend son nom d'origine. Comme ce nom fait référence au
   pouvoir royal de l'Ancien Régime, Chabert s'y sent exclu.
8. Charenton : établissement psychiatrique fondé en 1641.

avec prudence. Alors, monsieur, sachant où demeurait ma femme, je
760 m'acheminai vers son hôtel, le cœur plein d'espoir. Eh bien, dit le
colonel avec un mouvement de rage concentrée, je n'ai pas été reçu
lorsque je me fis annoncer sous un nom d'emprunt, et le jour où je
pris le mien je fus consigné à sa porte. Pour voir la comtesse rentrant
du bal ou du spectacle, au matin, je suis resté pendant des nuits
765 entières collé contre la borne de sa porte cochère. Mon regard plon-
geait dans cette voiture qui passait devant mes yeux avec la rapidité
de l'éclair, et où j'entrevoyais à peine cette femme qui est mienne et
qui n'est plus à moi ! Oh ! dès ce jour j'ai vécu pour la vengeance,
s'écria le vieillard d'une voix sourde en se dressant tout à coup
770 devant Derville. Elle sait que j'existe ; elle a reçu de moi, depuis mon
retour, deux lettres écrites par moi-même. Elle ne m'aime plus ! Moi,
j'ignore si je l'aime ou si je la déteste ! je la désire et la maudis tour à
tour. Elle me doit sa fortune, son bonheur ; eh bien, elle ne m'a pas
seulement fait parvenir le plus léger secours ! Par moments je ne sais
775 plus que devenir ! »

À ces mots, le vieux soldat retomba sur sa chaise, et redevint
immobile. Derville resta silencieux, occupé à contempler son client.

« L'affaire est grave, dit-il enfin machinalement. Même en admettant l'authenticité des pièces qui doivent se trouver à Heilsberg, il ne
780 m'est pas prouvé que nous puissions triompher tout d'abord. Le
procès ira successivement devant trois tribunaux. Il faut réfléchir à
tête reposée sur une semblable cause, elle est tout exceptionnelle.

— Oh ! répondit froidement le colonel en relevant la tête par un
mouvement de fierté, si je succombe, je saurai mourir, mais en
785 compagnie. »

Là, le vieillard avait disparu. Les yeux de l'homme énergique
brillaient rallumés aux feux du désir et de la vengeance.

« Il faudra peut-être transiger, dit l'avoué*.

— Transiger, répéta le colonel Chabert. Suis-je mort ou suis-
790 je vivant ?

— Monsieur, reprit l'avoué, vous suivrez, je l'espère, mes conseils.
Votre cause sera ma cause. Vous vous apercevrez bientôt de l'intérêt
que je prends à votre situation, presque sans exemple dans les fastes
judiciaires. En attendant, je vais vous donner un mot pour mon

795 notaire, qui vous remettra, sur votre quittance, cinquante francs tous
les dix jours. Il ne serait pas convenable que vous vinssiez chercher ici
des secours. Si vous êtes le colonel Chabert, vous ne devez être à la
merci de personne. Je donnerai à ces avances la forme d'un prêt. Vous
avez des biens à recouvrer, vous êtes riche. »

800   Cette dernière délicatesse arracha des larmes au vieillard. Derville
se leva brusquement, car il n'était peut-être pas de coutume qu'un
avoué* parût s'émouvoir ; il passa dans son cabinet, d'où il revint avec
une lettre non cachetée qu'il remit au comte Chabert. Lorsque le
pauvre homme la tint entre ses doigts, il sentit deux pièces d'or à tra-
805 vers le papier.

    « Voulez-vous me désigner les actes, me donner le nom de la ville,
du royaume ? » dit l'avoué.

    Le colonel dicta les renseignements en vérifiant l'orthographe des
noms de lieux ; puis, il prit son chapeau d'une main, regarda Derville,
810 lui tendit l'autre main, une main calleuse, et lui dit d'une voix simple :
« Ma foi, monsieur, après l'Empereur*, vous êtes l'homme auquel je
devrai le plus ! Vous êtes *un brave*. »

    L'avoué frappa dans la main du colonel, le reconduisit jusque sur
l'escalier et l'éclaira.

815   « Boucard, dit Derville à son Maître-clerc*, je viens d'entendre
une histoire qui me coûtera peut-être vingt-cinq louis [1]. Si je suis volé,
je ne regretterai pas mon argent, j'aurai vu le plus habile comédien de
notre époque. »

    Quand le colonel se trouva dans la rue et devant un réverbère, il
820 retira de la lettre les deux pièces de vingt francs que l'avoué lui avait
données, et les regarda pendant un moment à la lumière. Il revoyait
de l'or pour la première fois depuis neuf ans.

    « Je vais donc pouvoir fumer des cigares », se dit-il.

---

1. Louis : anciennes pièces d'or françaises — frappées à l'effigie du roi de France — qui valaient
   20 francs.

LA TRANSACTION

Environ trois mois après cette consultation nuitamment faite par
825 le colonel Chabert chez Derville, le notaire chargé de payer la demi-
solde [1] que l'avoué faisait à son singulier client vint le voir pour
conférer sur une affaire grave, et commença par lui réclamer six cents
francs donnés au vieux militaire.

« Tu t'amuses donc à entretenir l'ancienne armée ? lui dit en riant
830 ce notaire, nommé Crottat, jeune homme qui venait d'acheter l'Étude*
où il était Maître-clerc, et dont le patron venait de prendre la fuite en
faisant une épouvantable faillite.

— Je te remercie, mon cher maître, répondit Derville, de me rappeler cette affaire-là. Ma philanthropie [2] n'ira pas au-delà de vingt-
835 cinq louis, je crains déjà d'avoir été la dupe de mon patriotisme. »

Au moment où Derville achevait sa phrase, il vit sur son bureau les
paquets que son Maître-clerc y avait mis. Ses yeux furent frappés à
l'aspect des timbres oblongs, carrés, triangulaires, rouges, bleus,
apposés sur une lettre par les postes prussienne, autrichienne, bava-
840 roise et française.

« Ah ! dit-il en riant, voici le dénouement de la comédie, nous allons
voir si je suis attrapé. » Il prit la lettre et l'ouvrit, mais il n'y put rien
lire, elle était écrite en allemand. « Boucard, allez vous-même faire traduire cette lettre, et revenez promptement », dit Derville en entrou-
845 vrant la porte de son cabinet et tendant la lettre à son Maître-clerc.

Le notaire de Berlin auquel s'était adressé l'avoué lui annonçait que
les actes dont les expéditions étaient demandées lui parviendraient
quelques jours après cette lettre d'avis. Les pièces étaient, disait-il, parfaitement en règle, et revêtues des légalisations nécessaires pour faire

---

1. Demi-solde : rente versée, par l'administration de Louis XVIII, aux anciens soldats — licenciés —
de Napoléon. Ces soldats mis au chômage forcé — par le changement politique — faisaient
parfois l'objet d'une surveillance policière.
2. Philanthropie : amour de l'humanité, amour du prochain.

850 foi en justice. En outre, il lui mandait que presque tous les témoins des faits consacrés par les procès-verbaux existaient à Prussich-Eylau [1]; et que la femme à laquelle monsieur le comte Chabert devait la vie vivait encore dans un des faubourgs d'Heilsberg.

« Ceci devient sérieux », s'écria Derville quand Boucard eut fini de
855 lui donner la substance de la lettre. « Mais, dis donc, mon petit, reprit-il en s'adressant au notaire, je vais avoir besoin de renseignements qui doivent être en ton Étude*. N'est-ce pas chez ce vieux fripon de Roguin…

— Nous disons l'infortuné, le malheureux Roguin, reprit maître
860 Alexandre Crottat en riant et interrompant Derville.

— N'est-ce pas chez cet infortuné qui vient d'emporter huit cent mille francs à ses clients et de réduire plusieurs familles au désespoir, que s'est faite la liquidation de la succession Chabert? Il me semble que j'ai vu cela dans nos pièces Ferraud.

865 — Oui, répondit Crottat, j'étais alors troisième clerc*, je l'ai copiée et bien étudiée, cette liquidation. Rose Chapotel, épouse et veuve de Hyacinthe, dit Chabert, comte de l'Empire*, grand-officier de la Légion d'honneur*; ils s'étaient mariés sans contrat, ils étaient donc communs en biens. Autant que je puis m'en souvenir, l'actif s'élevait
870 à six cent mille francs. Avant son mariage, le comte Chabert avait fait un testament en faveur des hospices [2] de Paris, par lequel il leur attribuait le quart de la fortune qu'il posséderait au moment de son décès, le domaine [3] héritait de l'autre quart. Il y a eu licitation*, vente et partage, parce que les avoués* sont allés bon train. Lors de la liquidation,
875 le monstre qui gouvernait alors la France [4] a rendu par un décret la portion du fisc à la veuve du colonel.

— Ainsi la fortune personnelle du comte Chabert ne se monterait donc qu'à trois cent mille francs.

---

1. Prussich-Eylau : nom donné au site d'une bataille.
2. Hospices : établissements qui recevaient les plus démunis de la société, entre autres, les orphelins et les vieillards.
3. Le domaine : le domaine public, c'est-à-dire l'État.
4. Le monstre qui gouvernait alors la France : façon dont les royalistes (ceux qui soutiennent le pouvoir d'un roi) qualifiaient Napoléon Bonaparte.

— Par conséquent, mon vieux! répondit Crottat. Vous avez parfois
880 l'esprit juste, vous autres avoués, quoiqu'on vous accuse de vous le
fausser en plaidant aussi bien le Pour que le Contre. »

Le comte Chabert, dont l'adresse se lisait au bas de la première quittance que lui avait remise le notaire, demeurait dans le faubourg Saint-
Marceau, rue du Petit-Banquier, chez un vieux maréchal des logis* de
885 la garde impériale[1], devenu nourrisseur[2], et nommé Vergniaud. Arrivé
là, Derville fut forcé d'aller à pied à la recherche de son client; car son
cocher refusa de s'engager dans une rue non pavée et dont les ornières
étaient un peu trop profondes pour les roues d'un cabriolet. En regardant de tous les côtés, l'avoué finit par trouver, dans la partie de cette
890 rue qui avoisine le boulevard, entre deux murs bâtis avec des osse-
ments et de la terre, deux mauvais pilastres[3] en moellons, que le passage des voitures avait ébréchés, malgré deux morceaux de bois placés
en forme de bornes. Ces pilastres soutenaient une poutre couverte d'un
chaperon en tuiles, sur laquelle ces mots étaient écrits en rouge :
895 VERGNIAUD, NOURICEURE. À droite de ce nom, se voyaient des œufs,
et à gauche une vache, le tout peint en blanc. La porte était ouverte et
restait sans doute ainsi pendant toute la journée. Au fond d'une cour
assez spacieuse, s'élevait, en face de la porte, une maison, si toutefois
ce nom convient à l'une de ces masures bâties dans les faubourgs de
900 Paris, et qui ne sont comparables à rien, pas même aux plus chétives
habitations de la campagne, dont elles ont la misère sans en avoir la
poésie. En effet, au milieu des champs, les cabanes ont encore une
grâce que leur donnent la pureté de l'air, la verdure, l'aspect des
champs, une colline, un chemin tortueux, des vignes, une haie vive,
905 la mousse des chaumes, et les ustensiles champêtres; mais à Paris la
misère ne se grandit que par son horreur. Quoique récemment
construite, cette maison semblait près de tomber en ruine. Aucun
des matériaux n'y avait eu sa vraie destination, ils provenaient tous des
démolitions qui se font journellement dans Paris. Derville lut sur un
910 volet fait avec les planches d'une enseigne : *Magasin de nouveautés*. Les
fenêtres ne se ressemblaient point entre elles et se trouvaient bizarre-
ment placées. Le rez-de-chaussée, qui paraissait être la partie habitable,

---

1. Garde impériale : troupes qui assuraient la sécurité personnelle de l'empereur Napoléon.
2. Nourrisseur : personne qui nourrissait des vaches et qui faisait le commerce du lait.
3. Pilastres : pièces de menuiserie, piliers.

était exhaussé d'un côté, tandis que de l'autre les chambres étaient enterrées par une éminence. Entre la porte et la maison s'étendait une
915 mare pleine de fumier où coulaient les eaux pluviales et ménagères. Le mur sur lequel s'appuyait ce chétif logis, et qui paraissait être plus solide que les autres, était garni de cabanes grillagées où de vrais lapins faisaient leurs nombreuses familles. À droite de la porte cochère se trouvait la vacherie surmontée d'un grenier à fourrages, et qui com-
920 muniquait à la maison par une laiterie. À gauche étaient une basse-cour, une écurie et un toit à cochons qui avait été fini, comme celui de la maison, en mauvaises planches de bois blanc clouées les unes sur les autres, et mal recouvertes avec du jonc. Comme presque tous les endroits où se cuisinent les éléments du grand repas que Paris dévore
925 chaque jour, la cour dans laquelle Derville mit le pied offrait les traces de la précipitation voulue par la nécessité d'arriver à heure fixe. Ces grands vases de fer-blanc bossués dans lesquels se transporte le lait, et les pots qui contiennent la crème, étaient jetés pêle-mêle devant la laiterie, avec leurs bouchons de linge. Les loques trouées qui servaient à
930 les essuyer flottaient au soleil étendues sur des ficelles attachées à des piquets. Ce cheval pacifique, dont la race ne se trouve que chez les laitières, avait fait quelques pas en avant de sa charrette et restait devant l'écurie, dont la porte était fermée. Une chèvre broutait le pampre de la vigne grêle et poudreuse qui garnissait le mur jaune et lézardé de la
935 maison. Un chat était accroupi sur les pots à crème et les léchait. Les poules, effarouchées à l'approche de Derville, s'envolèrent en criant, et le chien de garde aboya.

« L'homme qui a décidé le gain de la bataille d'Eylau* serait là ! » se dit Derville en saisissant d'un seul coup d'œil l'ensemble de ce spec-
940 tacle ignoble.

La maison était restée sous la protection de trois gamins. L'un, grimpé sur le faîte d'une charrette chargée de fourrage vert, jetait des pierres dans un tuyau de cheminée de la maison voisine, espérant qu'elles y tomberaient dans la marmite. L'autre essayait d'amener un
945 cochon sur le plancher de la charrette qui touchait à terre, tandis que le troisième pendu à l'autre bout attendait que le cochon y fût placé pour l'enlever en faisant faire la bascule à la charrette. Quand Derville leur demanda si c'était bien là que demeurait monsieur

Chabert, aucun ne répondit, et tous trois le regardèrent avec une stu-
950 pidité spirituelle, s'il est permis d'allier ces deux mots. Derville réitéra
ses questions sans succès. Impatienté par l'air narquois des trois
drôles, il leur dit de ces injures plaisantes que les jeunes gens se croient
le droit d'adresser aux enfants, et les gamins rompirent le silence par
un rire brutal. Derville se fâcha. Le colonel, qui l'entendit, sortit d'une
955 petite chambre basse située près de la laiterie et apparut sur le seuil de
sa porte avec un flegme [1] militaire inexprimable. Il avait à la bouche
une de ces pipes notablement *culottées* [2] (expression technique des
fumeurs), une de ces humbles pipes de terre blanche nommées des *brûle-
gueules* [3]. Il leva la visière d'une casquette horriblement crasseuse,
960 aperçut Derville et traversa le fumier, pour venir plus promptement à
son bienfaiteur, en criant d'une voix amicale aux gamins : « Silence
dans les rangs ! » Les enfants gardèrent aussitôt un silence respectueux
qui annonçait l'empire exercé sur eux par le vieux soldat.

« Pourquoi ne m'avez-vous pas écrit ? dit-il à Derville. Allez le long
965 de la vacherie ! Tenez, là, le chemin est pavé », s'écria-t-il en remar-
quant l'indécision de l'avoué* qui ne voulait pas se mouiller les pieds
dans le fumier.

En sautant de place en place, Derville arriva sur le seuil de la porte
par où le colonel était sorti. Chabert parut désagréablement affecté
970 d'être obligé de le recevoir dans la chambre qu'il occupait. En effet,
Derville n'y aperçut qu'une seule chaise. Le lit du colonel consistait en
quelques bottes de paille sur lesquelles son hôtesse avait étendu deux
ou trois lambeaux de ces vieilles tapisseries, ramassées je ne sais où, qui
servent aux laitières à garnir les bancs de leurs charrettes. Le plancher
975 était tout simplement en terre battue. Les murs salpêtrés, verdâtres et
fendus répandaient une si forte humidité, que le mur contre lequel
couchait le colonel était tapissé d'une natte en jonc. Le fameux carrick*
pendait à un clou. Deux mauvaises paires de bottes gisaient dans un
coin. Nul vestige de linge. Sur la table vermoulue, les Bulletins de la

---

1. Flegme : caractère de celui qui est impassible, patient.
2. Pipes [...] culottées : pipes dont le bas du fourneau est recouvert d'un dépôt noir, donc
   de très bonnes pipes.
3. Brûle-gueules : pipes au tuyau très court sur lequel on risquait de se brûler.

Le colonel, qui l'entendit, sortit d'une petite chambre basse
située près de la laiterie et apparut sur le seuil de sa porte
avec un flegme militaire inexprimable.

Lignes 954 à 956.

980 Grande Armée [1] réimprimés par Plancher étaient ouverts, et paraissaient être la lecture du colonel, dont la physionomie était calme et sereine au milieu de cette misère. Sa visite chez Derville semblait avoir changé le caractère de ses traits, où l'avoué* trouva les traces d'une pensée heureuse, une lueur particulière qu'y avait jetée l'espérance.

985 « La fumée de la pipe vous incommode-t-elle ? dit-il en tendant à son avoué la chaise à moitié dépaillée.

— Mais, colonel, vous êtes horriblement mal ici. »

Cette phrase fut arrachée à Derville par la défiance naturelle aux avoués, et par la déplorable expérience que leur donnent de bonne
990 heure les épouvantables drames inconnus auxquels ils assistent.

« Voilà, se dit-il, un homme qui aura certainement employé mon argent à satisfaire les trois vertus théologales du troupier : le jeu, le vin et les femmes !

— C'est vrai, monsieur, nous ne brillons pas ici par le luxe. C'est
995 un bivouac [2] tempéré par l'amitié, mais... » Ici le soldat lança un regard profond à l'homme de loi. « Mais, je n'ai fait de tort à personne, je n'ai jamais repoussé personne, et je dors tranquille. »

L'avoué songea qu'il y aurait peu de délicatesse à demander compte à son client des sommes qu'il lui avait avancées, et il se contenta de
1000 lui dire : « Pourquoi n'avez-vous donc pas voulu venir dans Paris où vous auriez pu vivre aussi peu chèrement que vous vivez ici, mais où vous auriez été mieux ?

— Mais, répondit le colonel, les braves gens chez lesquels je suis m'avaient recueilli, nourri *gratis* depuis un an ! comment les quitter
1005 au moment où j'avais un peu d'argent ? Puis le père de ces trois gamins est un vieux *égyptien*...

— Comment, un égyptien ?

— Nous appelons ainsi les troupiers qui sont revenus de l'expédition d'Égypte de laquelle j'ai fait partie. Non seulement tous ceux qui
1010 en sont revenus sont un peu frères, mais Vergniaud était alors dans

---

1. Bulletins de la Grande Armée : bulletins qui instruisaient la population des événements militaires pendant les grandes batailles menées par Napoléon. Ces écrits privilégiaient davantage le récit des victoires que celui des défaites.
2. Bivouac : campement provisoire pour les troupes de l'armée.

Sur la table vermoulue, les Bulletins de la Grande Armée
réimprimés par Plancher étaient ouverts, et paraissaient être
la lecture du colonel, dont la physionomie était calme
et sereine au milieu de cette misère.

Lignes 979 à 982.

mon régiment, nous avions partagé de l'eau dans le désert. Enfin, je n'ai pas encore fini d'apprendre à lire à ses marmots.

— Il aurait bien pu vous mieux loger, pour votre argent, lui.

— Bah! dit le colonel, ses enfants couchent comme moi sur la
1015 paille! Sa femme et lui n'ont pas un lit meilleur, ils sont bien pauvres, voyez-vous? ils ont pris un établissement au-dessus de leurs forces. Mais si je recouvre ma fortune!... Enfin, suffit!

— Colonel, je dois recevoir demain ou après vos actes d'Heilsberg. Votre libératrice vit encore!

1020 — Sacré argent! Dire que je n'en ai pas!» s'écria-t-il en jetant par terre sa pipe.

Une pipe *culottée** est une pipe précieuse pour un fumeur; mais ce fut par un geste si naturel, par un mouvement si généreux, que tous les fumeurs et même la Régie[1] lui eussent pardonné ce crime de lèse-
1025 tabac. Les anges auraient peut-être ramassé les morceaux.

«Colonel, votre affaire est excessivement compliquée, lui dit Derville en sortant de la chambre pour s'aller promener au soleil le long de la maison.

— Elle me paraît, dit le soldat, parfaitement simple. L'on m'a cru
1030 mort, me voilà! rendez-moi ma femme et ma fortune; donnez-moi le grade de général auquel j'ai droit, car j'ai passé colonel dans la garde impériale*, la veille de la bataille d'Eylau*.

— Les choses ne vont pas ainsi dans le monde judiciaire, reprit Derville. Écoutez-moi. Vous êtes le comte Chabert, je le veux bien,
1035 mais il s'agit de le prouver judiciairement à des gens qui vont avoir intérêt à nier votre existence. Ainsi, vos actes seront discutés. Cette discussion entraînera dix ou douze questions préliminaires. Toutes iront contradictoirement jusqu'à la cour suprême, et constitueront autant de procès coûteux, qui traîneront en longueur, quelle que soit
1040 l'activité que j'y mette. Vos adversaires demanderont une enquête à laquelle nous ne pourrons pas nous refuser, et qui nécessitera peut-être une commission rogatoire[2] en Prusse. Mais supposons tout au

---

1. Régie: manufacture des tabacs régie par l'État.
2. Commission rogatoire: demande d'enquête ou de vérification faite par un tribunal à un autre concernant une cause.

mieux : admettons qu'il soit reconnu promptement par la justice que
vous êtes le colonel Chabert. Savons-nous comment sera jugée la
1045 question soulevée par la bigamie [1] fort innocente de la comtesse
Ferraud ? Dans votre cause, le point de droit est en dehors du code, et
ne peut être jugé par les juges que suivant les lois de la conscience,
comme fait le jury dans les questions délicates que présentent les
bizarreries sociales de quelques procès criminels. Or, vous n'avez pas
1050 eu d'enfants de votre mariage, et monsieur le comte Ferraud en a
deux du sien, les juges peuvent déclarer nul le mariage où se rencon-
trent les liens les plus faibles, au profit du mariage qui en comporte de
plus forts, du moment où il y a eu bonne foi chez les contractants [2].
Serez-vous dans une position morale bien belle, en voulant *mordicus*
1055 avoir à votre âge et dans les circonstances où vous vous trouvez une
femme qui ne vous aime plus ? Vous aurez contre vous votre femme
et son mari, deux personnes puissantes qui pourront influencer les
tribunaux. Le procès a donc des éléments de durée. Vous aurez le
temps de vieillir dans les chagrins les plus cuisants.
1060   — Et ma fortune ?
         — Vous vous croyez donc une grande fortune ?
         — N'avais-je pas trente mille livres de rente ?
         — Mon cher colonel, vous aviez fait, en 1799, avant votre mariage,
un testament qui léguait le quart de vos biens aux hospices*.
1065   — C'est vrai.
         — Eh bien, vous censé mort, n'a-t-il pas fallu procéder à un inven-
taire, à une liquidation afin de donner ce quart aux hospices ? Votre
femme ne s'est pas fait scrupule de tromper les pauvres. L'inventaire,
où sans doute elle s'est bien gardée de mentionner l'argent comptant,
1070 les pierreries, où elle aura produit [3] peu d'argenterie, et où le mobilier
a été estimé à deux tiers au-dessous du prix réel, soit pour la favoriser, soit
pour payer moins de droits au fisc, et aussi parce que les commissaires-
priseurs sont responsables de leurs estimations, l'inventaire ainsi
fait a établi six cent mille francs de valeurs. Pour sa part, votre veuve

1. Bigamie : situation d'une personne mariée à deux personnes en même temps. À l'époque, consi-
dérée comme un crime, la bigamie pouvait être punie par plusieurs années de travaux forcés.
2. Contractants : signataires d'un contrat ; ici, un contrat de mariage.
3. Aura produit : aura montré.

1075 avait droit à la moitié. Tout a été vendu, racheté par elle, elle a
bénéficié sur tout, et les hospices ont eu leurs soixante-quinze mille
francs. Puis, comme le fisc héritait de vous, attendu que vous n'aviez
pas fait mention de votre femme dans votre testament, l'Empereur* a
rendu par un décret à votre veuve la portion qui revenait au domaine
1080 public*. Maintenant, à quoi avez-vous droit? à trois cent mille francs
seulement, moins les frais.

— Et vous appelez cela la justice? dit le colonel ébahi.

— Mais, certainement…

— Elle est belle.

1085 — Elle est ainsi, mon pauvre colonel. Vous voyez que ce que vous
avez cru facile ne l'est pas. Madame Ferraud peut même vouloir
garder la portion qui lui a été donnée par l'Empereur.

— Mais elle n'était pas veuve, le décret est nul…

— D'accord. Mais tout se plaide. Écoutez-moi. Dans ces circons-
1090 tances, je crois qu'une transaction[1] serait, et pour vous et pour elle, le
meilleur dénouement du procès. Vous y gagnerez une fortune plus
considérable que celle à laquelle vous auriez droit.

— Ce serait vendre ma femme!

— Avec vingt-quatre mille francs de rente, vous aurez, dans la posi-
1095 tion où vous vous trouvez, des femmes qui vous conviendront mieux
que la vôtre, et qui vous rendront plus heureux. Je compte aller voir
aujourd'hui même madame la comtesse Ferraud afin de sonder le terrain; mais je n'ai pas voulu faire cette démarche sans vous en prévenir.

— Allons ensemble chez elle…

1100 — Fait comme vous êtes? dit l'avoué*. Non, non, colonel, non. Vous
pourriez y perdre tout à fait votre procès…

— Mon procès est-il gagnable?

— Sur tous les chefs, répondit Derville. Mais, mon cher colonel
Chabert, vous ne faites pas attention à une chose. Je ne suis pas riche,
1105 ma charge n'est pas entièrement payée. Si les tribunaux vous accordent une *provision,* c'est-à-dire une somme à prendre par avance sur
votre fortune, ils ne l'accorderont qu'après avoir reconnu vos qualités
de comte Chabert, grand-officier de la Légion d'honneur*.

---

1. Transaction: compromis acceptable qui accommode chacune des deux parties en litige.

— Tiens, je suis grand-officier de la Légion, je n'y pensais plus, dit-il naïvement.

— Eh bien, jusque-là, reprit Derville, ne faut-il pas plaider, payer des avocats, lever et solder les jugements, faire marcher des huissiers, et vivre? les frais des instances préparatoires se monteront, à vue de nez, à plus de douze ou quinze mille francs. Je ne les ai pas, moi qui suis écrasé par les intérêts énormes que je paye à celui qui m'a prêté l'argent de ma charge. Et vous! où les trouverez-vous?»

De grosses larmes tombèrent des yeux flétris du pauvre soldat et roulèrent sur ses joues ridées. À l'aspect de ces difficultés, il fut découragé. Le monde social et judiciaire lui pesait sur la poitrine comme un cauchemar.

«J'irai, s'écria-t-il, au pied de la colonne de la place Vendôme, je crierai là : "Je suis le colonel Chabert qui a enfoncé le grand carré des Russes à Eylau*!" Le bronze[1], lui! me reconnaîtra.

— Et l'on vous mettra sans doute à Charenton*.»

À ce nom redouté, l'exaltation du militaire tomba.

«N'y aurait-il donc pas pour moi quelques chances favorables au ministère de la Guerre?

— Les bureaux! dit Derville. Allez-y, mais avec un jugement bien en règle qui déclare nul votre acte de décès. Les bureaux voudraient pouvoir anéantir les gens de l'Empire.»

Le colonel resta pendant un moment interdit, immobile, regardant sans voir, abîmé dans un désespoir sans bornes. La justice militaire est franche, rapide, elle décide à la turque[2], et juge presque toujours bien ; cette justice était la seule que connût Chabert. En apercevant le dédale de difficultés où il fallait s'engager, en voyant combien il fallait d'argent pour y voyager, le pauvre soldat reçut un coup mortel dans cette puissance particulière à l'homme et que l'on nomme la *volonté*. Il lui parut impossible de vivre en plaidant, il fut pour lui mille fois plus simple de rester pauvre, mendiant, de s'engager comme cavalier si quelque régiment voulait de lui. Ses souffrances physiques et morales

---

1. Le bronze : la colonne Vendôme a été fondue avec le bronze des canons de l'armée ennemie confisqués lors de la bataille d'Austerlitz en 1805. Ce monument est donc le symbole de cette victoire napoléonienne.
2. À la turque : rapidement, sans formalité.

lui avaient déjà vicié le corps dans quelques-uns des organes les plus importants. Il touchait à l'une de ces maladies pour lesquelles la médecine n'a pas de nom, dont le siège est en quelque sorte mobile comme l'appareil nerveux qui paraît le plus attaqué parmi tous ceux
1145 de notre machine, affection qu'il faudrait nommer le *spleen*[1] du malheur. Quelque grave que fût déjà ce mal invisible, mais réel, il était encore guérissable par une heureuse conclusion. Pour ébranler tout à fait cette vigoureuse organisation, il suffirait d'un obstacle nouveau, de quelque fait imprévu qui en romprait les ressorts affaiblis et pro-
1150 duirait ces hésitations, ces actes incompris, incomplets, que les physiologistes observent chez les êtres ruinés par les chagrins.

En reconnaissant alors les symptômes d'un profond abattement chez son client, Derville lui dit : « Prenez courage, la solution de cette affaire ne peut que vous être favorable. Seulement, examinez si vous
1155 pouvez me donner toute votre confiance, et accepter aveuglément le résultat que je croirai le meilleur pour vous.

— Faites comme vous voudrez, dit Chabert.

— Oui, mais vous vous abandonnez à moi comme un homme qui marche à la mort ?

1160   — Ne vais-je pas rester sans état, sans nom ? Est-ce tolérable ?

— Je ne l'entends pas ainsi, dit l'avoué*. Nous poursuivrons à l'amiable un jugement pour annuler votre acte de décès et votre mariage, afin que vous repreniez vos droits. Vous serez même, par l'influence du comte Ferraud, porté sur les cadres de l'armée comme
1165 général, et vous obtiendrez sans doute une pension.

— Allez donc ! répondit Chabert, je me fie entièrement à vous.

— Je vous enverrai donc une procuration à signer, dit Derville. Adieu, bon courage ! S'il vous faut de l'argent, comptez sur moi. »

Chabert serra chaleureusement la main de Derville, et resta le dos
1170 appuyé contre la muraille, sans avoir la force de le suivre autrement que des yeux. Comme tous les gens qui comprennent peu les affaires judiciaires, il s'effrayait de cette lutte imprévue. Pendant cette conférence, à plusieurs reprises, il s'était avancé, hors d'un pilastre* de la porte cochère, la figure d'un homme posté dans la rue pour guetter
1175 la sortie de Derville, et qui l'accosta quand il sortit. C'était un vieux

---

1. Spleen : mal de vivre, nostalgie, mélancolie.

homme vêtu d'une veste bleue, d'une cotte blanche plissée semblable à celle des brasseurs*, et qui portait sur la tête une casquette de loutre. Sa figure était brune, creusée, ridée, mais rougie sur les pommettes par l'excès du travail et hâlée par le grand air.

1180 « Excusez, monsieur, dit-il à Derville en l'arrêtant par le bras, si je prends la liberté de vous parler, mais je me suis douté, en vous voyant, que vous étiez l'ami de notre général.

— Eh bien? dit Derville, en quoi vous intéressez-vous à lui? Mais qui êtes-vous? reprit le défiant avoué*.

1185 — Je suis Louis Vergniaud, répondit-il d'abord. Et j'aurais deux mots à vous dire.

— Et c'est vous qui avez logé le comte Chabert comme il l'est?

— Pardon, excuse, monsieur, il a la plus belle chambre. Je lui aurais donné la mienne, si je n'en avais eu qu'une. J'aurais couché dans 1190 l'écurie. Un homme qui a souffert comme lui, qui apprend à lire à mes *mioches,* un général, un égyptien, le premier lieutenant sous lequel j'ai servi... faudrait voir? Du tout, il est le mieux logé. J'ai partagé avec lui ce que j'avais. Malheureusement ce n'était pas grand-chose, du pain, du lait, des œufs; enfin à la guerre comme à la guerre! 1195 C'est de bon cœur. Mais il nous a vexés.

— Lui?

— Oui, monsieur, vexés, là ce qui s'appelle en plein. J'ai pris un établissement au-dessus de mes forces, il le voyait bien. Ça vous le contrariait, et il pansait le cheval! Je lui dis: "Mais, mon général? — Bah! qui 1200 dit, je ne veux pas être comme un fainéant, et il y a longtemps que je sais brosser le lapin [1]." J'avais donc fait des billets pour le prix de ma vacherie à un nommé Grados... Le connaissez-vous, monsieur?

— Mais, mon cher, je n'ai pas le temps de vous écouter. Seulement dites-moi comment le colonel vous a vexés!

1205 — Il nous a vexés, monsieur, aussi vrai que je m'appelle Louis Vergniaud et que ma femme en a pleuré. Il a su par les voisins que nous n'avions pas le premier sou de notre billet. Le vieux grognard, sans rien dire, a amassé tout ce que vous lui donniez, a guetté le billet et l'a payé. C'te malice! Que ma femme et moi nous savions qu'il

1. Brosser le lapin (argot militaire): brosser, nettoyer son cheval avec une étrille (brosse dont les poils sont de métal).

1210 n'avait pas de tabac, ce pauvre vieux, et qu'il s'en passait! Oh! maintenant, tous les matins il a ses cigares! je me vendrais plutôt… Non!
nous sommes vexés. Donc, je voudrais vous proposer de nous prêter,
vu qu'il nous a dit que vous étiez un brave homme, une centaine
d'écus sur notre établissement, afin que nous lui fassions faire des
1215 habits, que nous lui meublions sa chambre. Il a cru nous acquitter, pas
vrai? Eh bien, au contraire, voyez-vous, l'ancien nous a endettés… et
vexés! Il ne devait pas nous faire cette avanie[1]-là. Il nous a vexés!
et des amis, encore? Foi d'honnête homme, aussi vrai que je m'appelle
Louis Vergniaud, je m'engagerais plutôt que de ne pas vous rendre cet
1220 argent-là…»

Derville regarda le nourrisseur*, et fit quelques pas en arrière pour
revoir la maison, la cour, les fumiers, l'étable, les lapins, les enfants.

«Par ma foi, je crois qu'un des caractères de la vertu est de ne pas
être propriétaire, se dit-il. Va, tu auras tes cent écus! et plus même. Mais
1225 ce ne sera pas moi qui te les donnerai, le colonel sera bien assez riche
pour t'aider, et je ne veux pas lui en ôter le plaisir.

— Ce sera-t-il bientôt?

— Mais oui.

— Ah! mon Dieu, que mon épouse va-t-être contente!»
1230 Et la figure tannée du nourrisseur sembla s'épanouir.

«Maintenant, se dit Derville en remontant dans son cabriolet,
allons chez notre adversaire. Ne laissons pas voir notre jeu, tâchons de
connaître le sien, et gagnons la partie d'un seul coup. Il faudrait l'effrayer? Elle est femme. De quoi s'effraient le plus les femmes? Mais
1235 les femmes ne s'effraient que de…»

Il se mit à étudier la position de la comtesse, et tomba dans une
de ces méditations auxquelles se livrent les grands politiques en
concevant leurs plans, en tâchant de deviner le secret des cabinets
ennemis[2]. Les avoués ne sont-ils pas en quelque sorte des hommes
1240 d'État chargés des affaires privées? Un coup d'œil jeté sur la situation
de monsieur le comte Ferraud et de sa femme est ici nécessaire pour
faire comprendre le génie de l'avoué.

---

1. Avanie: offense, insulte, affront.
2. Cabinets ennemis: gouvernements ennemis.

Monsieur le comte Ferraud était le fils d'un ancien conseiller au Parlement de Paris, qui avait émigré pendant le temps de la Terreur[1], et qui, s'il sauva sa tête, perdit sa fortune. Il rentra sous le Consulat[2] et resta constamment fidèle aux intérêts de Louis XVIII*, dans les entours duquel était son père avant la révolution. Il appartenait donc à cette partie du faubourg Saint-Germain[3] qui résista noblement aux séductions de Napoléon. La réputation de capacité que se fit le jeune comte, alors simplement appelé monsieur Ferraud, le rendit l'objet des coquetteries de l'Empereur*, qui souvent était aussi heureux de ses conquêtes sur l'aristocratie que du gain d'une bataille. On promit au comte la restitution de son titre, celle de ses biens non vendus,* on lui montra dans le lointain un ministère, une sénatorerie[4]. L'Empereur échoua. Monsieur Ferraud était, lors de la mort du comte Chabert, un jeune homme de vingt-six ans, sans fortune, doué de formes agréables, qui avait des succès et que le faubourg Saint-Germain avait adopté comme une de ses gloires ; mais madame la comtesse Chabert avait su tirer un si bon parti de la succession de son mari, qu'après dix-huit mois de veuvage elle possédait environ quarante mille livres de rente. Son mariage avec le jeune comte ne fut pas accepté comme une nouvelle par les coteries[5] du faubourg Saint-Germain. Heureux de ce mariage qui répondait à ses idées de fusion[6], Napoléon rendit à madame Chabert la portion dont héritait le fisc dans la succession du colonel ; mais l'espérance de Napoléon fut encore trompée. Madame Ferraud n'aimait pas seulement son amant dans le jeune homme, elle avait été séduite aussi par l'idée d'entrer dans cette société dédaigneuse qui, malgré son abaissement, dominait la cour impériale. Toutes ses vanités étaient flattées autant que ses passions dans ce mariage. Elle allait devenir une *femme comme il faut*. Quand le faubourg Saint-Germain sut que le mariage du jeune comte n'était pas

1. Terreur : période de 1792 à 1794 où des milliers de nobles, entre autres, furent guillotinés par les révolutionnaires.
2. Consulat : gouvernement dirigé par Napoléon Bonaparte entre 1799 et 1804.
3. Faubourg Saint-Germain : à Paris, ce quartier était habité par l'aristocratie.
4. Sénatorerie : sous l'Empire, un district dans lequel un sénateur jouissait de privilèges et de revenus spéciaux liés à son statut.
5. Coteries : associations, clans, castes.
6. Idées de fusion : l'Empereur souhaitait l'alliance entre l'ancienne aristocratie (issue de l'Ancien Régime, c'est-à-dire royaliste) et la nouvelle «noblesse démocratique» qu'il a créée.

une défection [1], les salons s'ouvrirent à sa femme. La Restauration [2] vint. La fortune politique du comte Ferraud ne fut pas rapide. Il comprenait les exigences de la position dans laquelle se trouvait
1275 Louis XVIII, il était du nombre des initiés qui attendaient *que l'abîme des révolutions fût fermé*, car cette phrase royale, dont se moquèrent tant les libéraux [3], cachait un sens politique. Néanmoins, l'ordonnance* citée dans la longue phrase cléricale qui commence cette histoire lui avait rendu deux forêts et une terre dont la valeur avait considérable-
1280 ment augmenté pendant le séquestre. En ce moment, quoique le comte Ferraud fût conseiller d'État, directeur général, il ne considérait sa position que comme le début de sa fortune politique. Préoccupé par les soins [4] d'une ambition dévorante, il s'était attaché comme secrétaire un ancien avoué* ruiné nommé Delbecq, homme
1285 plus qu'habile, qui connaissait admirablement les ressources de la chicane*, et auquel il laissait la conduite de ses affaires privées. Le rusé praticien avait assez bien compris sa position chez le comte pour y être probe par spéculation [5]. Il espérait parvenir à quelque place par le crédit de son patron, dont la fortune était l'objet de tous ses soins.
1290 Sa conduite démentait tellement sa vie antérieure qu'il passait pour un homme calomnié. Avec le tact et la finesse dont sont plus ou moins douées toutes les femmes, la comtesse, qui avait deviné son intendant [6], le surveillait adroitement, et savait si bien le manier, qu'elle en avait déjà tiré un très bon parti pour l'augmentation de sa fortune particu-
1295 lière. Elle avait su persuader à Delbecq qu'elle gouvernait monsieur Ferraud, et lui avait promis de le faire nommer président d'un tribunal de première instance dans l'une des plus importantes villes de France, s'il se dévouait entièrement à ses intérêts. La promesse d'une place inamovible qui lui permettrait de se marier avantageusement et
1300 de conquérir plus tard une haute position dans la carrière politique

---

1. Défection : désertion, trahison, changement de clan.
2. Restauration : retour de la monarchie en France, entre 1814-1815 et 1815-1830. Cette période couvre le règne de Louis XVIII (de 1814 à 1824) et celui de son frère Charles X (de 1824 à 1830).
3. Libéraux : ceux qui, à l'époque, affichaient une tendance politique de gauche.
4. Soins : préoccupations, soucis.
5. Probe par spéculation : honnête par intérêt, par calcul, et non par souci d'intégrité.
6. Intendant : personne qui veille au bon fonctionnement et à la régie (l'intendance) de la maison Ferraud.

en devenant député fit de Delbecq l'âme damnée de la comtesse. Il ne lui avait laissé manquer aucune des chances favorables que les mouvements de Bourse et la hausse des propriétés présentèrent dans Paris aux gens habiles pendant les trois premières années de la Restauration*.
1305 Il avait triplé les capitaux de sa protectrice, avec d'autant plus de facilité que tous les moyens avaient paru bons à la comtesse afin de rendre promptement sa fortune énorme. Elle employait les émoluments des places occupées par le comte aux dépenses de la maison, afin de pouvoir capitaliser ses revenus, et Delbecq se prêtait
1310 aux calculs de cette avarice sans chercher à s'en expliquer les motifs. Ces sortes de gens ne s'inquiètent que des secrets dont la découverte est nécessaire à leurs intérêts. D'ailleurs il en trouvait si naturellement la raison dans cette soif d'or dont sont atteintes la plupart des Parisiennes, et il fallait une si grande fortune pour appuyer les préten-
1315 tions du comte Ferraud, que l'intendant* croyait parfois entrevoir dans l'avidité de la comtesse un effet de son dévouement pour l'homme de qui elle était toujours éprise. La comtesse avait enseveli les secrets de sa conduite au fond de son cœur. Là étaient des secrets de vie et de mort pour elle, là était précisément le nœud de cette histoire. Au com-
1320 mencement de l'année 1818, la Restauration fut assise sur des bases en apparence inébranlables, ses doctrines gouvernementales, comprises par les esprits élevés, leur parurent devoir amener pour la France une ère de prospérité nouvelle, alors la société parisienne changea de face. Madame la comtesse Ferraud se trouva par hasard avoir fait tout
1325 ensemble un mariage d'amour, de fortune et d'ambition. Encore jeune et belle, madame Ferraud joua le rôle d'une femme à la mode, et vécut dans l'atmosphère de la cour. Riche par elle-même, riche par son mari, qui, prôné comme un des hommes les plus capables du parti royaliste et l'ami du Roi, semblait promis à quelque ministère,
1330 elle appartenait à l'aristocratie, elle en partageait la splendeur. Au milieu de ce triomphe, elle fut atteinte d'un cancer moral. Il est de ces sentiments que les femmes devinent malgré le soin que les hommes mettent à les enfouir. Au premier retour du Roi[1], le comte Ferraud

1. Premier retour du Roi : Louis XVIII obtint le pouvoir, une première fois, en 1814, après son retour d'exil (il avait dû fuir la France pendant la Révolution). Ce règne fut interrompu par le retour au pouvoir de Napoléon (les Cent-Jours). En 1815, Louis XVIII reprit définitivement les rênes du pouvoir, après la défaite des troupes de Napoléon à Waterloo.

avait conçu quelques regrets de son mariage. La veuve du colonel
1335 Chabert ne l'avait allié à personne, il était seul et sans appui pour se
diriger dans une carrière pleine d'écueils et pleine d'ennemis. Puis,
peut-être, quand il avait pu juger froidement sa femme, avait-il
reconnu chez elle quelques vices d'éducation qui la rendaient
impropre à le seconder dans ses projets. Un mot dit par lui à propos
1340 du mariage de Talleyrand[1] éclaira la comtesse, à laquelle il fut prouvé
que si son mariage était à faire, jamais elle n'eût été madame Ferraud.
Ce regret, quelle femme le pardonnerait ? Ne contient-il pas toutes les
injures, tous les crimes, toutes les répudiations[2] en germe ? Mais
quelle plaie ne devait pas faire ce mot dans le cœur de la comtesse, si
1345 l'on vient à supposer qu'elle craignait de voir revenir son premier
mari ! Elle l'avait su vivant, elle l'avait repoussé. Puis, pendant le
temps où elle n'en avait plus entendu parler, elle s'était plu à le croire
mort à Waterloo* avec les aigles impériales[3] en compagnie de Boutin.
Néanmoins elle conçut d'attacher le comte à elle par le plus fort des
1350 liens, par la chaîne d'or, et voulut être si riche que sa fortune rendît son
second mariage indissoluble, si par hasard le comte Chabert reparais-
sait encore. Et il avait reparu, sans qu'elle s'expliquât pourquoi la lutte
qu'elle redoutait n'avait pas déjà commencé. Les souffrances, la
maladie l'avaient peut-être délivrée de cet homme. Peut-être était-il à
1355 moitié fou, Charenton* pouvait encore lui en faire raison. Elle n'avait
pas voulu mettre Delbecq ni la police dans sa confidence, de peur de
se donner un maître, ou de précipiter la catastrophe. Il existe à Paris
beaucoup de femmes qui, semblables à la comtesse Ferraud, vivent
avec un monstre moral inconnu, ou côtoient un abîme ; elles se font un
1360 calus[4] à l'endroit de leur mal, et peuvent encore rire et s'amuser.

---

1. Mariage de Talleyrand : en 1803, Talleyrand, alors ministre, épouse une femme aussi belle que
   sotte, sous les conseils pressants de son patron Napoléon. En 1815, alors que la monarchie est
   de retour, Talleyrand divorce aussitôt de cette femme et commence à travailler pour Louis XVIII.
   Madame Ferraud craint, elle aussi, de ne plus être « utile » politiquement au comte Ferraud et
   qu'il l'abandonne.
2. Répudiations : actions de répudier une femme, de rompre les liens du mariage.
3. Aigles impériales : emblèmes de l'Empire napoléonien. Motif (un aigle tenant un éclair
   entre ses serres) que l'on retrouve, notamment, sur les drapeaux de l'armée impériale.
4. Calus : forme recherchée du mot « cal », c'est-à-dire « s'endurcir ». Donc, par métonymie,
   « elles se font un calus » signifie « elles s'endurcissent ».

« Il y a quelque chose de bien singulier dans la situation de monsieur le comte Ferraud, se dit Derville en sortant de sa longue rêverie, au moment où son cabriolet s'arrêtait rue de Varenne, à la porte de l'hôtel* Ferraud. Comment, lui si riche, aimé du Roi, n'est-il pas encore pair de France [1] ? Il est vrai qu'il entre peut-être dans la politique du Roi, comme me le disait madame de Grandlieu, de donner une haute importance à la pairie en ne la prodiguant pas. D'ailleurs, le fils d'un conseiller au Parlement n'est ni un Crillon, ni un Rohan. Le comte Ferraud ne peut entrer que subrepticement dans la chambre haute. Mais, si son mariage était cassé, ne pourrait-il faire passer sur sa tête, à la grande satisfaction du Roi, la pairie d'un de ces vieux sénateurs qui n'ont que des filles ? Voilà certes une bonne bourde [2] à mettre en avant pour effrayer notre comtesse », se dit-il en montant le perron.

Derville avait, sans le savoir, mis le doigt sur la plaie secrète, enfoncé la main dans le cancer qui dévorait madame Ferraud. Il fut reçu par elle dans une jolie salle à manger d'hiver, où elle déjeunait en jouant avec un singe attaché par une chaîne à une espèce de petit poteau garni de bâtons en fer. La comtesse était enveloppée dans un élégant peignoir, les boucles de ses cheveux, négligemment rattachés, s'échappaient d'un bonnet qui lui donnait un air mutin. Elle était fraîche et rieuse. L'argent, le vermeil, la nacre étincelaient sur la table, et il y avait autour d'elle des fleurs curieuses plantées dans de magnifiques vases en porcelaine. En voyant la femme du comte Chabert, riche de ses dépouilles, au sein du luxe, au faîte de la société, tandis que le malheureux vivait chez un pauvre nourrisseur* au milieu des bestiaux, l'avoué* se dit : « La morale de ceci est qu'une jolie femme ne voudra jamais reconnaître son mari, ni même son amant dans un homme en vieux carrick*, en perruque de chiendent et en bottes percées. » Un sourire malicieux et mordant exprima les idées moitié philosophiques, moitié railleuses qui devaient venir à un homme si bien placé pour connaître le fond des choses, malgré les mensonges sous lesquels la plupart des familles parisiennes cachent leur existence.

---

1. Pair de France : membre (désigné par le Roi) de la Haute Assemblée législative. Pendant la Restauration, les pairs, constitués alentour d'une Chambre des pairs, se partageaient le pouvoir législatif avec les représentants (élus) de la Chambre des députés.
2. Bourde : mensonge, baliverne ayant pour but de duper quelqu'un.

« Bonjour, monsieur Derville, dit-elle en continuant à faire prendre du café au singe.

1395 — Madame, dit-il brusquement, car il se choqua du ton léger avec lequel la comtesse lui avait dit : "Bonjour, monsieur Derville", je viens causer avec vous d'une affaire assez grave.

— J'en suis *désespérée,* monsieur le comte est absent…

— J'en suis enchanté, moi, madame. Il serait *désespérant* qu'il assistât

1400 à notre conférence. Je sais d'ailleurs, par Delbecq, que vous aimez à faire vos affaires vous-même sans en ennuyer monsieur le comte.

— Alors, je vais faire appeler Delbecq, dit-elle.

— Il vous serait inutile, malgré son habileté, reprit Derville. Écoutez, madame, un mot suffira pour vous rendre sérieuse. Le comte

1405 Chabert existe.

— Est-ce en disant de semblables bouffonneries que vous voulez me rendre sérieuse ? » dit-elle en partant d'un éclat de rire.

Mais la comtesse fut tout à coup domptée par l'étrange lucidité du regard fixe par lequel Derville l'interrogeait en paraissant lire au fond

1410 de son âme.

« Madame, répondit-il avec une gravité froide et perçante, vous ignorez l'étendue des dangers qui vous menacent. Je ne vous parlerai pas de l'incontestable authenticité des pièces, ni de la certitude des preuves qui attestent l'existence du comte Chabert. Je ne suis pas

1415 homme à me charger d'une mauvaise cause, vous le savez. Si vous vous opposez à notre inscription en faux contre l'acte de décès, vous perdrez ce premier procès, et cette question résolue en notre faveur nous fait gagner toutes les autres.

— De quoi prétendez-vous donc me parler ?

1420 — Ni du colonel, ni de vous. Je ne vous parlerai pas non plus des mémoires[1] que pourraient faire des avocats spirituels, armés des faits curieux de cette cause, et du parti qu'ils tireraient des lettres que vous avez reçues de votre premier mari avant la célébration de votre mariage avec votre second.

1425 — Cela est faux ! dit-elle avec toute la violence d'une petite-maîtresse. Je n'ai jamais reçu de lettre du comte Chabert ; et si quelqu'un se dit être le colonel, ce ne peut être qu'un intrigant*, quelque forçat

---

1. Mémoires : ensemble des documents relatifs à une cause et sa facturation détaillée.

libéré, comme Coignard[1] peut-être. Le frisson prend rien que d'y penser. Le colonel peut-il ressusciter, monsieur ? Bonaparte m'a fait complimenter sur sa mort par un aide de camp[2], et je touche encore aujourd'hui trois mille francs de pension accordée à sa veuve par les Chambres[3]. J'ai eu mille fois raison de repousser tous les Chabert qui sont venus, comme je repousserai tous ceux qui viendront.

— Heureusement nous sommes seuls, madame. Nous pouvons mentir à notre aise », dit-il froidement en s'amusant à aiguillonner la colère qui agitait la comtesse afin de lui arracher quelques indiscrétions, par une manœuvre familière aux avoués*, habitués à rester calmes quand leurs adversaires ou leurs clients s'emportent.

« Hé bien donc, à nous deux », se dit-il à lui-même en imaginant à l'instant un piège pour lui démontrer sa faiblesse. « La preuve de la remise de la première lettre existe, madame, reprit-il à haute voix, elle contenait des valeurs…

— Oh ! pour des valeurs, elle n'en contenait pas.

— Vous avez donc reçu cette première lettre, reprit Derville en souriant. Vous êtes déjà prise dans le premier piège que vous tend un avoué, et vous croyez pouvoir lutter avec la justice… »

La comtesse rougit, pâlit, se cacha la figure dans les mains. Puis, elle secoua sa honte, et reprit avec le sang-froid naturel à ces sortes de femmes : « Puisque vous êtes l'avoué du prétendu Chabert, faites-moi le plaisir de…

— Madame, dit Derville en l'interrompant, je suis encore en ce moment votre avoué comme celui du colonel. Croyez-vous que je veuille perdre une clientèle aussi précieuse que l'est la vôtre ? Mais vous ne m'écoutez pas…

— Parlez, monsieur, dit-elle gracieusement.

— Votre fortune vous venait de monsieur le comte Chabert et vous l'avez repoussé. Votre fortune est colossale, et vous le laissez mendier.

---

1. Coignard, Pierre : célèbre prisonnier qui, après s'être évadé, réussit à vivre libre sous de fausses identités. Il fut repris et mourut au bagne.
2. Aide de camp : officier attaché à un chef militaire.
3. Chambres : la Chambre des députés (membres élus) et le Sénat, qui détiennent le pouvoir législatif.

Madame, les avocats sont bien éloquents lorsque les causes sont élo-
quentes par elles-mêmes, il se rencontre ici des circonstances capables
1460 de soulever contre vous l'opinion publique.

— Mais, monsieur, dit la comtesse impatientée de la manière dont
Derville la tournait et retournait sur le gril, en admettant que votre
monsieur Chabert existe, les tribunaux maintiendront mon second
mariage à cause des enfants, et j'en serai quitte pour rendre deux cent
1465 vingt-cinq mille francs à monsieur Chabert.

— Madame, nous ne savons pas de quel côté les tribunaux verront
la question sentimentale. Si, d'une part, nous avons une mère et ses
enfants, nous avons de l'autre un homme accablé de malheurs, vieilli
par vous, par vos refus. Où trouvera-t-il une femme ? Puis, les juges
1470 peuvent-ils heurter la loi ? Votre mariage avec le colonel a pour lui le
droit, la priorité. Mais si vous êtes représentée sous d'odieuses cou-
leurs, vous pourriez avoir un adversaire auquel vous ne vous attendez
pas. Là, madame, est ce danger dont je voudrais vous préserver.

— Un nouvel adversaire ! dit-elle, qui ?

1475 — Monsieur le comte Ferraud, madame.

— Monsieur Ferraud a pour moi un trop vif attachement, et, pour
la mère de ses enfants, un trop grand respect…

— Ne parlez pas de ces niaiseries-là, dit Derville en l'interrompant,
à des avoués habitués à lire au fond des cœurs. En ce moment mon-
1480 sieur Ferraud n'a pas la moindre envie de rompre votre mariage et je
suis persuadé qu'il vous adore ; mais si quelqu'un venait lui dire que
son mariage peut être annulé, que sa femme sera traduite en crimi-
nelle au ban de l'opinion publique[1]…

— Il me défendrait ! monsieur.

1485 — Non, madame.

— Quelle raison aurait-il de m'abandonner, monsieur ?

— Mais celle d'épouser la fille unique d'un pair de France*, dont la
pairie lui serait transmise par ordonnance* du Roi… »

La comtesse pâlit.

1490 « Nous y sommes ! se dit en lui-même Derville. Bien, je te tiens,
l'affaire du pauvre colonel est gagnée. »

---

1. Au ban de l'opinion publique : méprisée par l'opinion publique.

« D'ailleurs, madame, reprit-il à haute voix, il aurait d'autant moins de remords, qu'un homme couvert de gloire, général, comte, grand-officier de la Légion d'honneur*, ne serait pas un pis-aller; et si cet
1495 homme lui redemande sa femme…

— Assez! assez! monsieur, dit-elle. Je n'aurai jamais que vous pour avoué*. Que faire?

— Transiger! dit Derville.

— M'aime-t-il encore? dit-elle.

1500   — Mais je ne crois pas qu'il puisse en être autrement. »

À ce mot, la comtesse dressa la tête. Un éclair d'espérance brilla dans ses yeux; elle comptait peut-être spéculer sur la tendresse de son premier mari pour gagner son procès par quelque ruse de femme.

« J'attendrai vos ordres, madame, pour savoir s'il faut vous signifier
1505 nos actes*, ou si vous voulez venir chez moi pour arrêter les bases d'une transaction[1] », dit Derville en saluant la comtesse.

Huit jours après les deux visites que Derville avait faites, et par une belle matinée du mois de juin, les époux, désunis par un hasard presque surnaturel, partirent des deux points les plus opposés de
1510 Paris, pour venir se rencontrer dans l'Étude* de leur avoué commun. Les avances qui furent largement faites par Derville au colonel Chabert lui avaient permis d'être vêtu selon son rang. Le défunt arriva donc voituré dans un cabriolet fort propre. Il avait la tête couverte d'une perruque appropriée à sa physionomie, il était habillé
1515 de drap bleu, avait du linge blanc, et portait sous son gilet le sautoir rouge des grands-officiers de la Légion d'honneur. En reprenant les habitudes de l'aisance, il avait retrouvé son ancienne élégance martiale[2]. Il se tenait droit. Sa figure, grave et mystérieuse, où se peignaient le bonheur et toutes ses espérances, paraissait être rajeunie
1520 et plus grasse, pour emprunter à la peinture une de ses expressions les plus pittoresques. Il ne ressemblait pas plus au Chabert en vieux carrick*, qu'un gros sou ne ressemble à une pièce de quarante francs nouvellement frappée. À le voir, les passants eussent facilement

---

1. Arrêter les bases d'une transaction: approuver les termes d'une entente.
2. Martiale: militaire, relative à la guerre, à l'armée.

reconnu en lui l'un de ces beaux débris de notre ancienne armée, un
1525 de ces hommes héroïques sur lesquels se reflète notre gloire natio-
nale, et qui la représentent comme un éclat de glace illuminé par le
soleil semble en réfléchir tous les rayons. Ces vieux soldats sont tout
ensemble des tableaux et des livres. Quand le comte descendit de sa
voiture pour monter chez Derville, il sauta légèrement comme
1530 aurait pu faire un jeune homme. À peine son cabriolet avait-il
retourné, qu'un joli coupé tout armorié[1] arriva. Madame la comtesse Ferraud en sortit dans une toilette simple, mais habilement
calculée pour montrer la jeunesse de sa taille. Elle avait une jolie
capote doublée de rose qui encadrait parfaitement sa figure, en dis-
1535 simulait les contours, et la ravivait. Si les clients s'étaient rajeunis,
l'Étude était restée semblable à elle-même, et offrait alors le tableau
par la description duquel cette histoire a commencé. Simonnin
déjeunait, l'épaule appuyée sur la fenêtre qui alors était ouverte ; et
il regardait le bleu du ciel par l'ouverture de cette cour entourée de
1540 quatre corps de logis noirs.

« Ha ! s'écria le petit clerc*, qui veut parier un spectacle que le
colonel Chabert est général, et cordon rouge ?

— Le patron est un fameux sorcier ! dit Godeschal.

— Il n'y a donc pas de tour à lui jouer cette fois ? demanda Desroches.

1545 — C'est sa femme qui s'en charge, la comtesse Ferraud ! dit Boucard.

— Allons, dit Godeschal, la comtesse Ferraud serait donc obligée
d'être à deux…

— La voilà ! » dit Simonnin.

En ce moment le colonel entra et demanda Derville. « Il y est,
1550 monsieur le comte, répondit Simonnin.

— Tu n'es donc pas sourd, petit drôle ? » dit Chabert en prenant le
saute-ruisseau par l'oreille et la lui tortillant à la satisfaction des
clercs, qui se mirent à rire et regardèrent le colonel avec la curieuse
considération due à ce singulier personnage.

1555 Le comte Chabert était chez Derville, au moment où sa femme
entra par la porte de l'Étude.

---

1. Coupé tout armorié : voiture à quatre roues sur les portes de laquelle ont été peintes
   les armoiries (emblèmes) de la famille ; ici, les emblèmes de la famille Ferraud.

« Dites donc, Boucard, il va se passer une singulière scène dans le cabinet du patron ! Voilà une femme qui peut aller les jours pairs chez le comte Ferraud et les jours impairs chez le comte Chabert.

1560   — Dans les années bissextiles, dit Godeschal, le compte y sera.

— Taisez-vous donc ! messieurs, l'on peut entendre, dit sévèrement Boucard ; je n'ai jamais vu d'Étude* où l'on plaisantât, comme vous le faites, sur les clients. »

Derville avait consigné le colonel dans la chambre à coucher, 1565 quand la comtesse se présenta.

« Madame, lui dit-il, ne sachant pas s'il vous serait agréable de voir monsieur le comte Chabert, je vous ai séparés. Si cependant vous désiriez…

— Monsieur, c'est une attention dont je vous remercie.

1570   — J'ai préparé la minute d'un acte dont les conditions pourront être discutées par vous et par monsieur Chabert, séance tenante. J'irai alternativement de vous à lui, pour vous présenter, à l'un et à l'autre, vos raisons respectives.

— Voyons, monsieur », dit la comtesse en laissant échapper un 1575 geste d'impatience.

Derville lut.

« Entre les soussignés,

« Monsieur Hyacinthe, *dit Chabert,* comte, maréchal de camp et grand-officier de la Légion d'honneur*, demeurant à Paris, rue du 1580 Petit-Banquier, d'une part ;

« Et la dame Rose Chapotel, épouse de monsieur le comte Chabert, ci-dessus nommé, née…

— Passez, dit-elle, laissons les préambules[1], arrivons aux conditions.

— Madame, dit l'avoué*, le préambule explique succinctement la 1585 position dans laquelle vous vous trouvez l'un et l'autre. Puis, par l'article premier, vous reconnaissez, en présence de trois témoins, qui sont deux notaires et le nourrisseur* chez lequel a demeuré votre mari, auxquels j'ai confié sous le secret votre affaire, et qui garderont le plus profond silence ; vous reconnaissez, dis-je, que l'individu désigné

---

1. Préambules : avant-propos, préludes.

1590 dans les actes joints au sous-seing[1], mais dont l'état se trouve d'ailleurs établi par un acte de notoriété préparé chez Alexandre Crottat, votre notaire, est le comte Chabert, votre premier époux. Par l'article second, le comte Chabert, dans l'intérêt de votre bonheur, s'engage à ne faire usage de ses droits que dans les cas prévus par l'acte lui-
1595 même. Et ces cas, dit Derville en faisant une sorte de parenthèse, ne sont autres que la non-exécution des clauses de cette convention secrète. De son côté, reprit-il, monsieur Chabert consent à poursuivre de gré à gré avec vous un jugement qui annulera son acte de décès et prononcera la dissolution de son mariage.

1600   — Ça ne me convient pas du tout, dit la comtesse étonnée, je ne veux pas de procès. Vous savez pourquoi.

   — Par l'article trois, dit l'avoué en continuant avec un flegme* imperturbable, vous vous engagez à constituer au nom d'Hyacinthe, comte Chabert, une rente viagère[2] de vingt-quatre mille francs, ins-
1605 crite sur le grand-livre de la dette publique[3], mais dont le capital vous sera dévolu à sa mort…

   — Mais c'est beaucoup trop cher, dit la comtesse.

   — Pouvez-vous transiger à meilleur marché?

   — Peut-être.

1610   — Que voulez-vous donc, madame?

   — Je veux, je ne veux pas de procès, je veux…

   — Qu'il reste mort, dit vivement Derville en l'interrompant.

   — Monsieur, dit la comtesse, s'il faut vingt-quatre mille livres de rente, nous plaiderons…

1615   — Oui, nous plaiderons, s'écria d'une voix sourde le colonel qui ouvrit la porte et apparut tout à coup devant sa femme, en tenant une main dans son gilet et l'autre étendue vers le parquet, geste auquel le souvenir de son aventure donnait une horrible énergie.

   — C'est lui, se dit en elle-même la comtesse.

---

1. Sous-seing: acte signé de façon privée, c'est-à-dire sans l'intervention d'un officier ministériel, d'un homme de justice.

2. Viagère: qui dure pendant la vie d'une personne.

3. Grand-livre de la dette publique: la dette publique, c'est la dette que le gouvernement a contractée pour assurer ses dépenses. On inscrivait, depuis la loi de 1793, le nom des créanciers dans le grand-livre.

1620 — Trop cher ! reprit le vieux soldat. Je vous ai donné près d'un mil-
lion, et vous marchandez mon malheur. Hé bien, je vous veux maintenant vous et votre fortune. Nous sommes communs en biens, notre
mariage n'a pas cessé…

— Mais monsieur n'est pas le colonel Chabert, s'écria la comtesse
1625 en feignant la surprise.

— Ah ! dit le vieillard d'un ton profondément ironique, voulez-
vous des preuves ? Je vous ai prise au Palais-Royal[1]… »

La comtesse pâlit. En la voyant pâlir sous son rouge, le vieux
soldat, touché de la vive souffrance qu'il imposait à une femme jadis
1630 aimée avec ardeur, s'arrêta ; mais il en reçut un regard si venimeux
qu'il reprit tout à coup : « Vous étiez chez la…

— De grâce, monsieur, dit la comtesse à l'avoué*, trouvez bon que
je quitte la place. Je ne suis pas venue ici pour entendre de semblables horreurs. »

1635 Elle se leva et sortit. Derville s'élança dans l'Étude*. La comtesse
avait trouvé des ailes et s'était comme envolée. En revenant dans son
cabinet, l'avoué trouva le colonel dans un violent accès de rage, et se
promenant à grands pas.

« Dans ce temps-là chacun prenait sa femme où il voulait, disait-il ;
1640 mais j'ai eu tort de la mal choisir, de me fier à des apparences. Elle n'a
pas de cœur.

— Eh bien, colonel, n'avais-je pas raison en vous priant de ne pas
venir ? Je suis maintenant certain de votre identité. Quand vous vous
êtes montré, la comtesse a fait un mouvement dont la pensée n'était
1645 pas équivoque. Mais vous avez perdu votre procès, votre femme sait
que vous êtes méconnaissable !

— Je la tuerai…

— Folie ! vous serez pris et guillotiné comme un misérable.
D'ailleurs peut-être manquerez-vous votre coup ! ce serait impardon-
1650 nable, on ne doit jamais manquer sa femme quand on veut la tuer.
Laissez-moi réparer vos sottises, grand enfant ! Allez-vous-en. Prenez
garde à vous, elle serait capable de vous faire tomber dans quelque

---

1. Palais-Royal : haut lieu de la prostitution, à cette époque, à Paris.

piège et de vous enfermer à Charenton*. Je vais lui signifier nos actes*
afin de vous garantir de toute surprise. »

1655 Le pauvre colonel obéit à son jeune bienfaiteur, et sortit en lui bal-
butiant des excuses. Il descendait lentement les marches de l'escalier
noir, perdu dans des sombres pensées, accablé peut-être par le coup
qu'il venait de recevoir, pour lui le plus cruel, le plus profondément
enfoncé dans son cœur, lorsqu'il entendit, en parvenant au dernier
1660 palier, le frôlement d'une robe, et sa femme apparut.

« Venez, monsieur », lui dit-elle en lui prenant le bras par un mouvement semblable à ceux qui lui étaient familiers autrefois.

L'action de la comtesse, l'accent de sa voix redevenue gracieuse,
suffirent pour calmer la colère du colonel, qui se laissa mener jusqu'à
1665 la voiture.

« Eh bien, montez donc ! » lui dit la comtesse quand le valet eut
achevé de déplier le marchepied.

Et il se trouva, comme par enchantement, assis près de sa femme
dans le coupé.

1670 « Où va madame ? demanda le valet.

— À Groslay [1] », dit-elle.

Les chevaux partirent et traversèrent tout Paris.

« Monsieur ! » dit la comtesse au colonel d'un son de voix qui révélait une de ces émotions rares dans la vie, et par lesquelles tout en
1675 nous est agité.

En ces moments, cœur, fibres, nerfs, physionomie, âme et corps,
tout, chaque pore même tressaille. La vie semble ne plus être en nous ;
elle en sort et jaillit, elle se communique comme une contagion, se
transmet par le regard, par l'accent de la voix, par le geste, en impo-
1680 sant notre vouloir aux autres. Le vieux soldat tressaillit en entendant
ce seul mot, ce premier, ce terrible : « Monsieur ! » Mais aussi était-ce
tout à la fois un reproche, une prière, un pardon, une espérance, un
désespoir, une interrogation, une réponse. Ce mot comprenait tout. Il
fallait être comédienne pour jeter tant d'éloquence, tant de senti-
1685 ments dans un mot. Le vrai n'est pas si complet dans son expression,
il ne met pas tout en dehors, il laisse voir tout ce qui est au-dedans.

---

1. Groslay : village situé à 11 km de Paris.

Le colonel eut mille remords de ses soupçons, de ses demandes, de sa colère, et baissa les yeux pour ne pas laisser deviner son trouble.

1690 « Monsieur, reprit la comtesse après une pause imperceptible, je vous ai bien reconnu !

— Rosine, dit le vieux soldat, ce mot contient le seul baume qui pût me faire oublier mes malheurs. »

Deux grosses larmes roulèrent toutes chaudes sur les mains de sa femme, qu'il pressa pour exprimer une tendresse paternelle.

1695 « Monsieur, reprit-elle, comment n'avez-vous pas deviné qu'il me coûtait horriblement de paraître devant un étranger dans une position aussi fausse que l'est la mienne ! Si j'ai à rougir de ma situation, que ce ne soit au moins qu'en famille. Ce secret ne devait-il pas rester enseveli dans nos cœurs ? Vous m'absoudrez, j'espère, de mon indiffé-
1700 rence apparente pour les malheurs d'un Chabert à l'existence duquel je ne devais pas croire. J'ai reçu vos lettres, dit-elle vivement, en lisant sur les traits de son mari l'objection qui s'y exprimait, mais elles me parvinrent treize mois après la bataille d'Eylau* ; elles étaient ouvertes, salies, l'écriture en était méconnaissable, et j'ai dû croire, après avoir
1705 obtenu la signature de Napoléon sur mon nouveau contrat de mariage, qu'un adroit intrigant* voulait se jouer de moi. Pour ne pas troubler le repos de monsieur le comte Ferraud, et ne pas altérer les liens de la famille, j'ai donc dû prendre des précautions contre un faux Chabert. N'avais-je pas raison, dites ?

1710 — Oui, tu as eu raison, c'est moi qui suis un sot, un animal, une bête, de n'avoir pas su mieux calculer les conséquences d'une situation semblable. Mais où allons-nous ? dit le colonel en se voyant à la barrière de La Chapelle[1].

— À ma campagne, près de Groslay*, dans la vallée de
1715 Montmorency. Là, monsieur, nous réfléchirons ensemble au parti que nous devons prendre. Je connais mes devoirs. Si je suis à vous en droit, je ne vous appartiens plus en fait. Pouvez-vous désirer que nous devenions la fable de tout Paris ? N'instruisons pas le public de

---

1. Barrière de La Chapelle : à cette époque, Paris était entouré d'un mur et, pour sortir de la ville, il fallait franchir des portes (les barrières).

cette situation qui pour moi présente un côté ridicule, et sachons garder notre dignité. Vous m'aimez encore, reprit-elle en jetant sur le colonel un regard triste et doux ; mais moi, n'ai-je pas été autorisée à former d'autres liens ? En cette singulière position, une voix secrète me dit d'espérer en votre bonté qui m'est si connue. Aurais-je donc tort en vous prenant pour seul et unique arbitre de mon sort ? Soyez juge et partie. Je me confie à la noblesse de votre caractère. Vous aurez la générosité de me pardonner les résultats de fautes innocentes. Je vous l'avouerai donc, j'aime monsieur Ferraud. Je me suis crue en droit de l'aimer. Je ne rougis pas de cet aveu devant vous ; s'il vous offense, il ne nous déshonore point. Je ne puis vous cacher les faits. Quand le hasard m'a laissée veuve, je n'étais pas mère. »

Le colonel fit un signe de main à sa femme, pour lui imposer silence, et ils restèrent sans proférer un seul mot pendant une demi-lieue. Chabert croyait voir les deux petits enfants devant lui.

« Rosine !

— Monsieur ?

— Les morts ont donc bien tort de revenir ?

— Oh ! monsieur, non, non ! Ne me croyez pas ingrate. Seulement, vous trouvez une amante, une mère, là où vous aviez laissé une épouse. S'il n'est plus en mon pouvoir de vous aimer, je sais tout ce que je vous dois et puis vous offrir encore toutes les affections d'une fille.

— Rosine, reprit le vieillard d'une voix douce, je n'ai plus aucun ressentiment contre toi. Nous oublierons tout, ajouta t il avec un de ces sourires dont la grâce est toujours le reflet d'une belle âme. Je ne suis pas assez peu délicat pour exiger les semblants de l'amour chez une femme qui n'aime plus. »

La comtesse lui lança un regard empreint d'une telle reconnaissance, que le pauvre Chabert aurait voulu rentrer dans sa fosse d'Eylau. Certains hommes ont une âme assez forte pour de tels dévouements, dont la récompense se trouve pour eux dans la certitude d'avoir fait le bonheur d'une personne aimée.

« Mon ami, nous parlerons de tout ceci plus tard et à cœur reposé », dit la comtesse.

1755   La conversation prit un autre cours, car il était impossible de la continuer longtemps sur ce sujet. Quoique les deux époux revinssent souvent à leur situation bizarre, soit par des allusions, soit sérieusement, ils firent un charmant voyage, se rappelant les événements de leur union passée et les choses de l'Empire. La comtesse sut imprimer

1760   un charme doux à ces souvenirs, et répandit dans la conversation une teinte de mélancolie nécessaire pour y maintenir la gravité. Elle faisait revivre l'amour sans exciter aucun désir, et laissait entrevoir à son premier époux toutes les richesses morales qu'elle avait acquises, en tâchant de l'accoutumer à l'idée de restreindre son bonheur aux

1765   seules jouissances que goûte un père près d'une fille chérie. Le colonel avait connu la comtesse de l'Empire, il revoyait une comtesse de la Restauration*. Enfin les deux époux arrivèrent par un chemin de traverse à un grand parc situé dans la petite vallée qui sépare les hauteurs de Margency du joli village de Groslay*. La comtesse possédait là une

1770   délicieuse maison où le colonel vit, en arrivant, tous les apprêts que nécessitaient son séjour et celui de sa femme. Le malheur est une espèce de talisman[1] dont la vertu consiste à corroborer notre constitution primitive : il augmente la défiance et la méchanceté chez certains hommes, comme il accroît la bonté de ceux qui ont un cœur

1775   excellent. L'infortune avait rendu le colonel encore plus secourable et meilleur qu'il ne l'avait été, il pouvait donc s'initier au secret des souffrances féminines qui sont inconnues à la plupart des hommes. Néanmoins, malgré son peu de défiance, il ne put s'empêcher de dire à sa femme : « Vous étiez donc bien sûre de m'emmener ici ?

1780   — Oui, répondit-elle, si je trouvais le colonel Chabert dans le plaideur. »

    L'air de vérité qu'elle sut mettre dans cette réponse dissipa les légers soupçons que le colonel eut honte d'avoir conçus. Pendant trois jours la comtesse fut admirable près de son premier mari. Par de ten-

1785   dres soins et par sa constante douceur elle semblait vouloir effacer le souvenir des souffrances qu'il avait endurées, se faire pardonner les malheurs que, suivant ses aveux, elle avait innocemment causés ; elle se plaisait à déployer pour lui, tout en lui faisant apercevoir une sorte

---

1. Talisman : porte-bonheur, objet auquel on attribue des pouvoirs de protection.

de mélancolie, les charmes auxquels elle le savait faible ; car nous
1790 sommes plus particulièrement accessibles à certaines façons, à des
grâces de cœur ou d'esprit auxquelles nous ne résistons pas ; elle voulait l'intéresser à sa situation, et l'attendrir assez pour s'emparer de
son esprit et disposer souverainement de lui. Décidée à tout pour
arriver à ses fins, elle ne savait pas encore ce qu'elle devait faire de cet
1795 homme, mais certes elle voulait l'anéantir socialement. Le soir du
troisième jour elle sentit que, malgré ses efforts, elle ne pouvait cacher
les inquiétudes que lui causait le résultat de ses manœuvres. Pour se
trouver un moment à l'aise, elle monta chez elle, s'assit à son secrétaire, déposa le masque de tranquillité qu'elle conservait devant le
1800 comte Chabert, comme une actrice qui, rentrant fatiguée dans sa loge
après un cinquième acte pénible, tombe demi-morte et laisse dans la
salle une image d'elle-même à laquelle elle ne ressemble plus. Elle se
mit à finir une lettre commencée qu'elle écrivait à Delbecq, à qui elle
disait d'aller, en son nom, demander chez Derville communication
1805 des actes qui concernaient le colonel Chabert, de les copier et de venir
aussitôt la trouver à Groslay. À peine avait-elle achevé, qu'elle entendit
dans le corridor le bruit des pas du colonel, qui, tout inquiet, venait
la retrouver.

« Hélas ! dit-elle à haute voix, je voudrais être morte ! Ma situation
1810 est intolérable…

— Eh bien, qu'avez-vous donc ? demanda le bonhomme.

— Rien, rien », dit-elle.

Elle se leva, laissa le colonel et descendit pour parler sans témoin à
sa femme de chambre, qu'elle fit partir pour Paris, en lui recomman-
1815 dant de remettre elle-même à Delbecq la lettre qu'elle venait d'écrire,
et de la lui rapporter aussitôt qu'il l'aurait lue. Puis la comtesse alla
s'asseoir sur un banc où elle était assez en vue pour que le colonel vînt
l'y trouver aussitôt qu'il le voudrait. Le colonel, qui déjà cherchait sa
femme, accourut et s'assit près d'elle.

1820 « Rosine, lui dit-il, qu'avez-vous ? »

Elle ne répondit pas. La soirée était une de ces soirées magnifiques
et calmes dont les secrètes harmonies répandent, au mois de juin, tant
de suavité dans les couchers du soleil. L'air était pur et le silence profond, en sorte que l'on pouvait entendre dans le lointain du parc les

1825 voix de quelques enfants qui ajoutaient une sorte de mélodie aux
sublimités du paysage.

« Vous ne me répondez pas ? demanda le colonel à sa femme.

— Mon mari… », dit la comtesse, qui s'arrêta, fit un mouvement,
et s'interrompit pour lui demander en rougissant : « Comment dirai-
1830 je en parlant de monsieur le comte Ferraud ?

— Nomme-le ton mari, ma pauvre enfant, répondit le colonel avec
un accent de bonté, n'est-ce pas le père de tes enfants ?

— Eh bien, reprit-elle, si monsieur me demande ce que je suis
venue faire ici, s'il apprend que je m'y suis enfermée avec un
1835 inconnu, que lui dirai-je ? Écoutez, monsieur, reprit-elle en prenant
une attitude pleine de dignité, décidez de mon sort, je suis résignée
à tout…

— Ma chère, dit le colonel en s'emparant des mains de sa femme,
j'ai résolu de me sacrifier entièrement à votre bonheur…

1840 — Cela est impossible, s'écria-t-elle en laissant échapper un mouvement convulsif. Songez donc que vous devriez alors renoncer à vous-
même et d'une manière authentique…

— Comment, dit le colonel, ma parole ne vous suffit pas ? »

Le mot *authentique* tomba sur le cœur du vieillard et y réveilla des
1845 défiances involontaires. Il jeta sur sa femme un regard qui la fit rougir,
elle baissa les yeux, et il eut peur de se trouver obligé de la mépriser.
La comtesse craignait d'avoir effarouché la sauvage pudeur, la probité*
sévère d'un homme dont le caractère généreux, les vertus primitives
lui étaient connus. Quoique ces idées eussent répandu quelques
1850 nuages sur leurs fronts, la bonne harmonie se rétablit aussitôt entre
eux. Voici comment. Un cri d'enfant retentit au loin.

« Jules, laissez votre sœur tranquille, s'écria la comtesse.

— Quoi ! vos enfants sont ici ? dit le colonel.

— Oui, mais je leur ai défendu de vous importuner. »

1855 Le vieux soldat comprit la délicatesse, le tact de femme renfermé
dans ce procédé si gracieux, et prit la main de la comtesse pour la baiser.

« Qu'ils viennent donc », dit-il.

La petite fille accourait pour se plaindre de son frère. « Maman !

— Maman !

1860 — C'est lui qui…

— C'est elle… »

Les mains étaient étendues vers la mère, et les deux voix enfantines se mêlaient. Ce fut un tableau soudain et délicieux !

« Pauvres enfants ! s'écria la comtesse en ne retenant plus ses 1865 larmes, il faudra les quitter ; à qui le jugement les donnera-t-il ? On ne partage pas un cœur de mère, je les veux, moi !

— Est-ce vous qui faites pleurer maman ? dit Jules en jetant un regard de colère au colonel.

— Taisez-vous, Jules », s'écria la mère d'un air impérieux.

1870 Les deux enfants restèrent debout et silencieux, examinant leur mère et l'étranger avec une curiosité qu'il est impossible d'exprimer par des paroles.

« Oh ! oui, reprit-elle, si l'on me sépare du comte, qu'on me laisse les enfants, et je serai soumise à tout… »

1875 Ce fut un mot décisif qui obtint tout le succès qu'elle en avait espéré.

« Oui, s'écria le colonel comme s'il achevait une phrase mentalement commencée, je dois rentrer sous terre. Je me le suis déjà dit.

— Puis-je accepter un tel sacrifice ? répondit la comtesse. Si quel- 1880 ques hommes sont morts pour sauver l'honneur de leur maîtresse, ils n'ont donné leur vie qu'une fois. Mais ici vous donneriez votre vie tous les jours ! Non, non, cela est impossible. S'il ne s'agissait que de votre existence, ce ne serait rien ; mais signer que vous n'êtes pas le colonel Chabert, reconnaître que vous êtes un imposteur, donner 1885 votre honneur, commettre un mensonge à toute heure du jour, le dévouement humain ne saurait aller jusque-là. Songez donc ! Non. Sans mes pauvres enfants, je me serais déjà enfuie avec vous au bout du monde…

— Mais, reprit Chabert, est-ce que je ne puis pas vivre ici, dans votre 1890 petit pavillon, comme un de vos parents ? Je suis usé comme un canon de rebut, il ne me faut qu'un peu de tabac et *Le Constitutionnel* [1]. »

---

1. *Le Constitutionnel* : journal, fondé le 29 octobre 1815, que lisaient les partisans de Napoléon. On peut le qualifier de journal de gauche. Anachronisme de Balzac, puisque ce journal fut interdit de publication de juillet 1817 à 1819. Donc, en 1818, le colonel ne peut le lire.

Le colonel, qui retrouva l'élasticité de la jeunesse pour franchir
le saut-de-loup, fut en un clin d'œil devant l'intendant,
auquel il appliqua la plus belle paire de soufflets qui
jamais ait été reçue sur deux joues de procureur.

Lignes 1933 à 1936.

La comtesse fondit en larmes. Il y eut entre la comtesse Ferraud et le colonel Chabert un combat de générosité d'où le soldat sortit vainqueur. Un soir, en voyant cette mère au milieu de ses enfants, le soldat fut séduit par les touchantes grâces d'un tableau de famille, à la campagne, dans l'ombre et le silence ; il prit la résolution de rester mort, et, ne s'effrayant plus de l'authenticité d'un acte, il demanda comment il fallait s'y prendre pour assurer irrévocablement le bonheur de cette famille.

« Faites comme vous voudrez ! lui répondit la comtesse, je vous déclare que je ne me mêlerai en rien de cette affaire. Je ne le dois pas. »

Delbecq était arrivé depuis quelques jours, et, suivant les instructions verbales de la comtesse, l'intendant* avait su gagner la confiance du vieux militaire. Le lendemain matin donc, le colonel Chabert partit avec l'ancien avoué* pour Saint-Leu-Taverny, où Delbecq avait fait préparer chez le notaire un acte conçu en termes si crus que le colonel sortit brusquement de l'Étude* après en avoir entendu la lecture.

« Mille tonnerres ! je serais un joli coco ! Mais je passerais pour un faussaire, s'écria-t-il.

— Monsieur, lui dit Delbecq, je ne vous conseille pas de signer trop vite. À votre place je tirerais au moins trente mille livres de rente de ce procès-là, car madame les donnerait. »

Après avoir foudroyé ce coquin émérite par le lumineux regard de l'honnête homme indigné, le colonel s'enfuit emporté par mille sentiments contraires. Il redevint défiant, s'indigna, se calma tour à tour. Enfin il entra dans le parc de Groslay* par la brèche d'un mur, et vint à pas lents se reposer et réfléchir à son aise dans un cabinet pratiqué sous un kiosque d'où l'on découvrait le chemin de Saint-Leu. L'allée étant sablée avec cette espèce de terre jaunâtre par laquelle on remplace le gravier de rivière, la comtesse, qui était assise dans le petit salon de cette espèce de pavillon, n'entendit pas le colonel, car elle était trop préoccupée du succès de son affaire pour prêter la moindre attention au léger bruit que fit son mari. Le vieux soldat n'aperçut pas non plus sa femme au-dessus de lui dans le petit pavillon.

« Hé bien, monsieur Delbecq, a-t-il signé ? demanda la comtesse à son intendant* qu'elle vit seul sur le chemin par-dessus la haie d'un saut-de-loup[1].

— Non, madame. Je ne sais même pas ce que notre homme est
1930 devenu. Le vieux cheval s'est cabré.

— Il faudra donc finir par le mettre à Charenton*, dit-elle, puisque nous le tenons. »

Le colonel, qui retrouva l'élasticité de la jeunesse pour franchir le saut-de-loup, fut en un clin d'œil devant l'intendant, auquel il appliqua
1935 la plus belle paire de soufflets qui jamais ait été reçue sur deux joues de procureur.

« Ajoute que les vieux chevaux savent ruer », lui dit-il.

Cette colère dissipée, le colonel ne se sentit plus la force de sauter le fossé. La vérité s'était montrée dans sa nudité. Le mot de la com-
1940 tesse et la réponse de Delbecq avaient dévoilé le complot dont il allait être la victime. Les soins qui lui avaient été prodigués étaient une amorce pour le prendre dans un piège. Ce mot fut comme une goutte de quelque poison subtil qui détermina chez le vieux soldat le retour de ses douleurs et physiques et morales. Il revint vers le
1945 kiosque par la porte du parc, en marchant lentement, comme un homme affaissé. Donc, ni paix ni trêve pour lui ! Dès ce moment il fallait commencer avec cette femme la guerre odieuse dont lui avait parlé Derville, entrer dans une vie de procès, se nourrir de fiel, boire chaque matin un calice d'amertume. Puis, pensée affreuse, où
1950 trouver l'argent nécessaire pour payer les frais des premières ins-tances ? Il lui prit un si grand dégoût de la vie, que s'il y avait eu de l'eau près de lui il s'y serait jeté, que s'il avait eu des pistolets il se serait brûlé la cervelle. Puis il retomba dans l'incertitude d'idées, qui, depuis sa conversation avec Derville chez le nourrisseur*, avait
1955 changé son moral. Enfin, arrivé devant le kiosque, il monta dans le cabinet aérien dont les rosaces de verre offraient la vue de chacune des ravissantes perspectives de la vallée, et où il trouva sa femme assise sur une chaise. La comtesse examinait le paysage et gardait une contenance pleine de calme en montrant cette impénétrable

---

1. Saut-de-loup : large fossé.

1960 physionomie que savent prendre les femmes déterminées à tout. Elle s'essuya les yeux comme si elle eût versé des pleurs, et joua par un geste distrait avec le long ruban rose de sa ceinture. Néanmoins, malgré son assurance apparente, elle ne put s'empêcher de frissonner en voyant devant elle son vénérable bienfaiteur, debout, les
1965 bras croisés, la figure pâle, le front sévère.

« Madame, dit-il après l'avoir regardée fixement pendant un moment et l'avoir forcée à rougir, madame, je ne vous maudis pas, je vous méprise. Maintenant, je remercie le hasard qui nous a désunis. Je ne sens même pas un désir de vengeance, je ne vous aime plus. Je
1970 ne veux rien de vous. Vivez tranquille sur la foi de ma parole, elle vaut mieux que les griffonnages de tous les notaires de Paris. Je ne réclamerai jamais le nom que j'ai peut-être illustré. Je ne suis plus qu'un pauvre diable nommé Hyacinthe, qui ne demande que sa place au soleil. Adieu... »

1975 La comtesse se jeta aux pieds du colonel, et voulut le retenir en lui prenant les mains ; mais il la repoussa avec dégoût, en lui disant : « Ne me touchez pas. »

La comtesse fit un geste intraduisible lorsqu'elle entendit le bruit des pas de son mari. Puis, avec la profonde perspicacité que donne
1980 une haute scélératesse ou le féroce égoïsme du monde, elle crut pouvoir vivre en paix sur la promesse et le mépris de ce loyal soldat.

Chabert disparut en effet. Le nourrisseur fit faillite et devint cocher de cabriolet. Peut-être le colonel s'adonna-t-il d'abord à quelque industrie[1] du même genre. Peut-être, semblable à une pierre lancée
1985 dans un gouffre, alla-t-il, de cascade en cascade, s'abîmer dans cette boue de haillons qui foisonne à travers les rues de Paris.

---

1. S'adonna-t-il [...] à quelque industrie : exerça-t-il [...] divers petits métiers pour assurer sa subsistance.

L'Hospice de la Vieillesse

Six mois après cet événement, Derville, qui n'entendait plus parler ni du colonel Chabert ni de la comtesse Ferraud, pensa qu'il était survenu sans doute entre eux une transaction*, que, par vengeance, la comtesse avait fait dresser dans une autre Étude*. Alors, un matin, il supputa[1] les sommes avancées audit Chabert, y ajouta les frais, et pria la comtesse Ferraud de réclamer à monsieur le comte Chabert le montant de ce mémoire*, en présumant qu'elle savait où se trouvait son premier mari.

Le lendemain même, l'intendant* du comte Ferraud, récemment nommé président du tribunal de première instance dans une ville importante, écrivit à Derville ce mot désolant :

« Monsieur,

« Madame la comtesse Ferraud me charge de vous prévenir que votre client avait complètement abusé de votre confiance, et que l'individu qui disait être le comte Chabert a reconnu avoir indûment pris de fausses qualités[2].

« Agréez, etc.

« DELBECQ. »

---

1. Supputa : calcula.
2. Avoir [...] pris de fausses qualités : s'être [...] présenté sous une fausse identité.

2005   « On rencontre des gens qui sont aussi, ma parole d'honneur, par
trop[1] bêtes. Ils ont volé le baptême, s'écria Derville. Soyez donc l'humain, généreux, philanthrope et avoué*, vous vous faites enfoncer !
Voilà une affaire qui me coûte plus de deux billets de mille francs. »
        Quelque temps après la réception de cette lettre, Derville cher-
2010   chait au Palais* un avocat auquel il voulait parler, et qui plaidait à
la Police correctionnelle. Le hasard voulut que Derville entrât à la
Sixième Chambre au moment où le président condamnait comme
vagabond le nommé Hyacinthe à deux mois de prison, et ordonnait
qu'il fût ensuite conduit au dépôt de mendicité[2] de Saint-Denis, sen-
2015   tence qui, d'après la jurisprudence* des préfets de police, équivaut à
une détention perpétuelle. Au nom d'Hyacinthe, Derville regarda le
délinquant assis entre deux gendarmes sur le banc des prévenus et
reconnut, dans la personne du condamné, son faux colonel Chabert.
Le vieux soldat était calme, immobile, presque distrait. Malgré ses
2020   haillons, malgré la misère empreinte sur sa physionomie, elle dépo-
sait d'une noble fierté. Son regard avait une expression de stoïcisme[3]
qu'un magistrat n'aurait pas dû méconnaître ; mais, dès qu'un
homme tombe entre les mains de la justice, il n'est plus qu'un être
moral, une question de Droit ou de Fait, comme aux yeux des statis-
2025   ticiens il devient un chiffre. Quand le soldat fut reconduit au Greffe[4]
pour être emmené plus tard avec la fournée de vagabonds que l'on
jugeait en ce moment, Derville usa du droit qu'ont les avoués d'entrer partout au Palais, l'accompagna au Greffe et l'y contempla pendant quelques instants, ainsi que les curieux mendiants parmi
2030   lesquels il se trouvait. L'antichambre du Greffe[5] offrait alors un de
ces spectacles que malheureusement ni les législateurs, ni les philan-
thropes, ni les peintres, ni les écrivains ne viennent étudier. Comme
tous les laboratoires de la chicane, cette antichambre est une pièce
obscure et puante, dont les murs sont garnis d'une banquette en

---

1. Par trop : beaucoup trop.
2. Dépôt de mendicité : sorte d'asile-prison pour les démunis.
3. Stoïcisme : courage pour supporter la douleur, le malheur, les privations, avec l'apparence
   du calme ou de l'indifférence.
4. Greffe : bureau où l'on conserve les procès-verbaux des actes de procédure.
5. Antichambre du Greffe : salle d'attente du Greffe.

Au nom d'Hyacinthe, Derville regarda
le délinquant assis entre deux gendarmes
sur le banc des prévenus et reconnut,
dans la personne du condamné,
son faux colonel Chabert.

Lignes 2016 à 2018.

2035 bois noirci par le séjour perpétuel des malheureux qui viennent à ce
rendez-vous de toutes les misères sociales, et auquel pas un d'eux ne
manque. Un poète dirait que le jour a honte d'éclairer ce terrible
égout par lequel passent tant d'infortunes ! Il n'est pas une seule
place où ne se soit assis quelque crime en germe ou consommé ; pas
2040 un seul endroit où ne se soit rencontré quelque homme qui, déses-
péré par la légère flétrissure[1] que la justice avait imprimée à sa première faute, n'ait commencé une existence au bout de laquelle devait
se dresser la guillotine, ou détoner le pistolet du suicide. Tous ceux
qui tombent sur le pavé de Paris rebondissent contre ces murailles
2045 jaunâtres, sur lesquelles un philanthrope qui ne serait pas un spécu-
lateur pourrait déchiffrer la justification des nombreux suicides dont
se plaignent des écrivains hypocrites, incapables de faire un pas pour
les prévenir, et qui se trouve écrite dans cette antichambre[4], espèce
de préface pour les drames de la Morgue ou pour ceux de la place de
2050 Grève[2]. En ce moment le colonel Chabert s'assit au milieu de ces
hommes à faces énergiques, vêtus des horribles livrées[3] de la misère,
silencieux par intervalles, ou causant à voix basse, car trois gendarmes de faction se promenaient en faisant retentir leurs sabres sur
le plancher.

2055   « Me reconnaissez-vous ? dit Derville au vieux soldat en se plaçant
devant lui.

        — Oui, monsieur, répondit Chabert en se levant.

        — Si vous êtes un honnête homme, reprit Derville à voix basse,
comment avez-vous pu rester mon débiteur[4] ? »
2060   Le vieux soldat rougit comme aurait pu le faire une jeune fille
accusée par sa mère d'un amour clandestin.

        « Quoi ! madame Ferraud ne vous a pas payé ? s'écria-t-il à
haute voix.

---

1. Flétrissure : atteinte à l'honneur.
2. Place de Grève : à Paris, place où avaient lieu, jusqu'en 1834, les exécutions publiques.
3. Livrées : uniformes, costumes portés par l'ensemble des domestiques au service d'une maison.
4. Débiteur : emprunteur, qui doit de l'argent à quelqu'un.

— Payé! dit Derville. Elle m'a écrit que vous étiez un intrigant*. »

2065 Le colonel leva les yeux par un sublime mouvement d'horreur et d'imprécation, comme pour en appeler au ciel de cette tromperie nouvelle.

« Monsieur, dit-il d'une voix calme à force d'altération, obtenez des gendarmes la faveur de me laisser entrer au Greffe*, je vais vous signer

2070 un mandat qui sera certainement acquitté. »

Sur un mot dit par Derville au brigadier, il lui fut permis d'emmener son client dans le Greffe, où Hyacinthe écrivit quelques lignes adressées à la comtesse Ferraud.

« Envoyez cela chez elle, dit le soldat, et vous serez remboursé de

2075 vos frais et de vos avances. Croyez, monsieur, que si je ne vous ai pas témoigné la reconnaissance que je vous dois pour vos bons offices, elle n'en est pas moins là, dit-il en se mettant la main sur le cœur. Oui, elle est là, pleine et entière. Mais que peuvent les malheureux? Ils aiment, voilà tout.

2080 — Comment, lui dit Derville, n'avez-vous pas stipulé pour vous quelque rente[1] ?

— Ne me parlez pas de cela! répondit le vieux militaire. Vous ne pouvez pas savoir jusqu'où va mon mépris pour cette vie extérieure à laquelle tiennent la plupart des hommes. J'ai subitement été pris d'une

2085 maladie, le dégoût de l'humanité. Quand je pense que Napoléon est à Sainte-Hélène[2], tout ici-bas m'est indifférent. Je ne puis plus être soldat, voilà tout mon malheur. Enfin, ajouta-t-il en faisant un geste plein d'enfantillage, il vaut mieux avoir du luxe dans ses sentiments que sur ses habits. Je ne crains, moi, le mépris de personne. »

2090 Et le colonel alla se remettre sur son banc. Derville sortit. Quand il revint à son Étude*, il envoya Godeschal, alors son second clerc*, chez la comtesse Ferraud, qui, à la lecture du billet, fit immédiatement payer la somme due à l'avoué* du comte Chabert.

---

1. Quelque rente : que la comtesse verse un salaire à Chabert.
2. Sainte-Hélène : île à l'ouest des côtes de l'Afrique. C'est là que Napoléon fut exilé après la défaite de Waterloo, en 1815, jusqu'à sa mort en 1821.

En 1840, vers la fin du mois de juin, Godeschal, alors avoué, allait à
2095 Ris, en compagnie de Derville son prédécesseur. Lorsqu'ils parvinrent
à l'avenue qui conduit de la grande route à Bicêtre[1], ils aperçurent
sous un des ormes du chemin un de ces vieux pauvres chenus et
cassés qui ont obtenu le bâton de maréchal des mendiants en vivant à
Bicêtre comme les femmes indigentes vivent à la Salpêtrière[2]. Cet
2100 homme, l'un des deux mille malheureux logés dans l'*Hospice de la
Vieillesse,* était assis sur une borne et paraissait concentrer toute son
intelligence dans une opération bien connue des invalides, et qui
consiste à faire sécher au soleil le tabac de leurs mouchoirs, pour
éviter de les blanchir, peut-être. Ce vieillard avait une physionomie
2105 attachante. Il était vêtu de cette robe de drap rougeâtre que l'Hospice
accorde à ses hôtes, espèce de livrée* horrible.

« Tenez, Derville, dit Godeschal à son compagnon de voyage,
voyez donc ce vieux. Ne ressemble-t-il pas à ces grotesques[3] qui nous
viennent d'Allemagne ? Et cela vit, et cela est heureux peut-être ! »
2110 Derville prit son lorgnon, regarda le pauvre, laissa échapper
un mouvement de surprise et dit : « Ce vieux-là, mon cher, est tout un
poème, ou, comme disent les romantiques, un drame. As-tu rencontré
quelquefois la comtesse Ferraud ?

— Oui, c'est une femme d'esprit et très agréable ; mais un peu trop
2115 dévote, dit Godeschal.

— Ce vieux bicêtrien est son mari légitime, le comte Chabert, l'ancien colonel, elle l'aura sans doute fait placer là. S'il est dans cet hospice
au lieu d'habiter un hôtel*, c'est uniquement pour avoir rappelé à la jolie
comtesse Ferraud qu'il l'avait prise, comme un fiacre, sur la place. Je me
2120 souviens encore du regard de tigre qu'elle lui jeta dans ce moment-là. »
Ce début ayant excité la curiosité de Godeschal, Derville lui
raconta l'histoire qui précède. Deux jours après, le lundi matin, en
revenant à Paris, les deux amis jetèrent un coup d'œil sur Bicêtre, et
Derville proposa d'aller voir le colonel Chabert. À moitié chemin de
2125 l'avenue, les deux amis trouvèrent assis sur la souche d'un arbre
abattu le vieillard qui tenait à la main un bâton et s'amusait à tracer

---

1. Bicêtre : à Paris, hospice pour les hommes.
2. Salpêtrière : à Paris, hospice pour les femmes.
3. Grotesques : petits personnages d'allure caricaturale, bizarre, fantastique.

« Bonjour, colonel Chabert, lui dit Derville.
— Pas Chabert ! pas Chabert ! je me nomme Hyacinthe,
répondit le vieillard. Je ne suis plus un homme, je suis
le numéro 164, septième salle » […]

Lignes 2129 à 2132.

des raies sur le sable. En le regardant attentivement, ils s'aperçurent
qu'il venait de déjeuner autre part qu'à l'établissement.

« Bonjour, colonel Chabert, lui dit Derville.

2130   — Pas Chabert ! pas Chabert ! je me nomme Hyacinthe, répondit
le vieillard. Je ne suis plus un homme, je suis le numéro 164, septième
salle », ajouta-t-il en regardant Derville avec une anxiété peureuse,
avec une crainte de vieillard et d'enfant. « Vous allez voir le condamné
à mort ? dit-il après un moment de silence. Il n'est pas marié, lui ! Il
2135 est bien heureux.

          — Pauvre homme, dit Godeschal. Voulez-vous de l'argent pour
acheter du tabac ? »

          Avec toute la naïveté d'un gamin de Paris, le colonel tendit avide-
ment la main à chacun des deux inconnus qui lui donnèrent une
2140 pièce de vingt francs ; il les remercia par un regard stupide, en disant :
« Braves troupiers ! » Il se mit au port d'armes, feignit de les coucher
en joue, et s'écria en souriant : « Feu des deux pièces ! vive Napoléon ! »
Et il décrivit en l'air avec sa canne une arabesque imaginaire.

          « Le genre de sa blessure l'aura fait tomber en enfance, dit Derville.

2145   — Lui en enfance ! s'écria un vieux bicêtrien qui les regardait. Ah !
il y a des jours où il ne faut pas lui marcher sur le pied. C'est un vieux
malin plein de philosophie et d'imagination. Mais aujourd'hui, que
voulez-vous ? il a fait le lundi [1]. Monsieur, en 1820 il était déjà ici. Pour
lors, un officier prussien, dont la calèche montait la côte de Villejuif,
2150 vint à passer à pied. Nous étions, nous deux Hyacinthe et moi, sur le
bord de la route. Cet officier causait en marchant avec un autre, avec
un Russe, ou quelque animal de la même espèce, lorsqu'en voyant
l'ancien, le Prussien, histoire de blaguer, lui dit : "Voilà un vieux voltigeur [2] qui devait être à Rosbach [3]. — J'étais trop jeune pour y être,
2155 lui répondit-il, mais j'ai été assez vieux pour me trouver à Iéna [4]."
Pour lors le Prussien [5] a filé, sans faire d'autres questions.

---

1. Il a fait le lundi (populaire) : il s'est enivré. L'expression fait référence aux ouvriers
   qui dépensaient parfois leur paye au bistrot du coin, lors de leur congé du lundi.
2. Voltigeur : soldat d'infanterie faisant partie des troupes d'élite.
3. Rosbach : bataille de 1757 au cours de laquelle l'armée française fut défaite par l'armée prussienne.
4. Iéna : bataille de 1806 au cours de laquelle l'armée prussienne fut écrasée par l'armée
   impériale française.
5. Prussien : anachronisme de Balzac, puisque l'occupation française par les Prussiens prit
   fin en 1818.

« Excusez, monsieur, dit-il à Derville en l'arrêtant par le bras,
si je prends la liberté de vous parler, mais je me suis douté,
en vous voyant, que vous étiez l'ami de notre général. […]
Je suis Louis Vergniaud. […] »

Lignes 1180 à 1182.

— Quelle destinée ! s'écria Derville. Sorti de l'hospice des *Enfants trouvés*, il revient mourir à l'hospice de la *Vieillesse*, après avoir, dans l'intervalle, aidé Napoléon à conquérir l'Égypte et l'Europe. Savez-
2160 vous, mon cher, reprit Derville après une pause, qu'il existe dans notre société trois hommes, le Prêtre, le Médecin et l'Homme de justice, qui ne peuvent pas estimer le monde ? Ils ont des robes noires, peut-être parce qu'ils portent le deuil de toutes les vertus, de toutes les illusions. Le plus malheureux des trois est l'avoué*. Quand
2165 l'homme vient trouver le prêtre, il arrive poussé par le repentir, par le remords, par des croyances qui le rendent intéressant, qui le grandissent, et consolent l'âme du médiateur, dont la tâche ne va pas sans une sorte de jouissance : il purifie, il répare, et réconcilie. Mais, nous autres avoués, nous voyons se répéter les mêmes sentiments mauvais,
2170 rien ne les corrige, nos Études sont des égouts qu'on ne peut pas curer. Combien de choses n'ai-je pas apprises en exerçant ma charge ! J'ai vu mourir un père dans un grenier, sans sou ni maille, abandonné par deux filles auxquelles il avait donné quarante mille livres de rente ! J'ai vu brûler des testaments ; j'ai vu des mères dépouillant
2175 leurs enfants, des maris volant leurs femmes, des femmes tuant leurs maris en se servant de l'amour qu'elles leur inspiraient pour les rendre fous ou imbéciles, afin de vivre en paix avec un amant. J'ai vu des femmes donnant à l'enfant d'un premier lit des goûts qui devaient amener sa mort, afin d'enrichir l'enfant de l'amour. Je ne puis vous
2180 dire tout ce que j'ai vu, car j'ai vu des crimes contre lesquels la justice est impuissante. Enfin, toutes les horreurs que les romanciers croient inventer sont toujours au-dessous de la vérité. Vous allez connaître ces jolies choses-là, vous ; moi, je vais vivre à la campagne avec ma femme, Paris me fait horreur.
2185   — J'en ai déjà bien vu chez Desroches[1] », répondit Godeschal.

Paris, février-mars 1832.

---

1. Desroches : Desroches devint avoué avant Godeschal.

HONORÉ DE BALZAC VERS 1840.
EAU-FORTE DE GAVARNI (1804-1866).

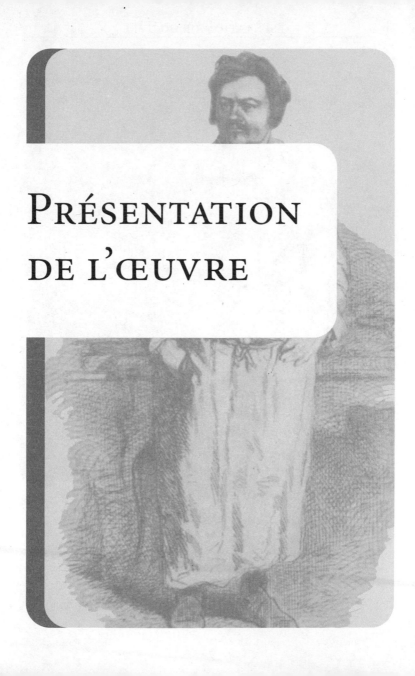

Présentation
de l'œuvre

LE RÈGNE DE LOUIS XVI SIGNERA LA FIN D'UNE LONGUE PÉRIODE
MONARCHIQUE ET LE DÉBUT DE LA RÉVOLUTION.

L'EXÉCUTION DE LOUIS XVI, LE 21 JANVIER 1793 (DÉTAIL).

MUSÉE DU LOUVRE, PARIS.

BALZAC ET SON ÉPOQUE

Le contexte politique : une succession de régimes

De la fin du XVIIIe siècle jusqu'au début du XIXe siècle, la France connaît en très peu de temps une série de régimes politiques fort différents les uns des autres. En quelques décennies se succèdent des systèmes aux politiques administratives aussi opposées que celles de la monarchie (jusqu'en 1789), de la Révolution (1789-1799), du régime napoléonien (1799-1815) et de la Restauration (1815-1830). Cette rapide succession de régimes politiques entraîne une profonde permutation des classes sociales, principalement entre la noblesse (traditionnellement privilégiée par la monarchie) et la nouvelle « noblesse démocratique » que Napoléon a créée. Balzac, à travers *Le Colonel Chabert*, mettra en scène ces bouleversements politiques.

LE RÈGNE DE LOUIS XVI : LA FIN DES PRIVILÈGES DE LA NOBLESSE

Afin d'assurer la stabilité de leur pouvoir politique, les rois, qui ont régné sur la France par droit divin [1], ont instauré, au fil des siècles, une panoplie de privilèges [2] pour la noblesse (l'aristocratie et le clergé). Cependant, le règne de Louis XVI signera la fin d'une longue période monarchique et le début de la Révolution.

Au cours de son règne, la tâche du roi Louis XVI s'avère plus lourde que celle de ses prédécesseurs : il doit réussir à renflouer les coffres de l'État pour parer à des décennies de mauvaise gestion. En mai 1789, la classe aristocratique convoque donc les États généraux. Il s'agit d'une grande assemblée qui oblige le roi — habituellement seul détenteur du pouvoir — à discuter avec les représentants des trois

---

1. Le droit divin est une doctrine instaurée au XVIIe siècle, qui prétend que le roi est directement investi de Dieu.
2. Les seuls privilégiés de ce régime étaient donc les membres des lignées de familles nobles (l'aristocratie), les membres du clergé de même que quelques individus. Des militaires, par exemple, pouvaient être ennoblis par le roi pour les services rendus à la patrie. Toutefois, cette noblesse, que l'on appelle personnelle, contrairement à celle dont bénéficie l'aristocratie, ne peut être transmise à ses héritiers.

ordres (la noblesse, le clergé et le tiers état [1]) afin que tous contribuent à résorber cette grave crise financière.

Contre toutes attentes, le tiers état, inspiré par les idées des Lumières, demande l'égalité politique et l'abolition des privilèges. Peu à peu, ses réclamations se font entendre. Ses idées gagnent dangereusement du terrain auprès de tous les bourgeois de France et, surtout, auprès des paysans affamés par des impôts très lourds. C'est l'étincelle nécessaire pour entraîner l'abolition des privilèges de la noblesse, la chute de Louis XVI et le début de la Révolution.

LES ANNÉES RÉVOLUTIONNAIRES (1789-1799) : « LIBERTÉ, ÉGALITÉ, FRATERNITÉ »

En juillet 1789, des paysans armés se rendent à Paris, alimentés par la « Grande Peur [2] ». Ceux-ci se munissent d'armes, attaquent les châteaux des nobles, volent leurs biens, pillent leurs résidences et vont parfois jusqu'à les chasser ou les massacrer. Cela aboutit à la révolte du 14 juillet 1789 et à la prise de la Bastille, prison où sont détenus les opposants au régime de Louis XVI. Désormais, la capitale française se trouve aux mains des insurgés.

Grâce à cette révolte, qui mène à l'abolition des privilèges, un nouvel ordre politique et social s'installe peu à peu. Les révolutionnaires signent la Déclaration des droits de l'homme et du citoyen [3]. La France révolutionnaire se libère du pouvoir royal, qu'elle considère désuet et injuste. Puis, en août 1792, on emprisonne le roi Louis XVI et sa famille. Le mois suivant, la France est proclamée République. Désormais, ce pays républicain possède une devise à son image : « Liberté, Égalité, Fraternité ».

Dans *Le Colonel Chabert*, les valeurs prônées par la période révolutionnaire influencent certains personnages. Entre autres, des caractéristiques dites républicaines (solidarité, générosité) rapprochent les personnages de Louis Vergniaud et de Chabert.

---

1. C'est-à-dire les députés élus, représentants de la bourgeoisie.
2. Une rumeur circule que les aristocrates (qui ont dû renoncer à certains privilèges) organisent une coalition pour recouvrer leurs droits. Cette rumeur, qui ne sera jamais fondée, alimente les craintes et provoque la colère des paysans.
3. De nouveaux principes se dégagent de cette déclaration : la souveraineté de la nation (contrairement à celle d'un roi), la liberté, l'égalité civile (tous les citoyens égaux) et le droit de propriété.

La Terreur (1792-1794) : carnages et exil de la noblesse

Bien que la France ait signé une « Déclaration de paix au monde », en 1790, ce pays se trouvera continuellement en guerre contre une série de pays avoisinants [1] pendant les 10 années que durera la Révolution (1789-1799). S'installera une sombre période que l'on appellera la Terreur. Les révolutionnaires extrémistes demandent la mise à mort du roi (emprisonné) et des nobles. Ces derniers leur apparaissent comme des royalistes ne désirant que le retour d'un monarque à la tête de la France. Rapidement, tous leurs gestes et toutes leurs opinions deviennent suspects.

En janvier 1793, le tribunal révolutionnaire condamne à mort Louis XVI et sa famille. On enverra aussi à la guillotine des milliers de nobles ; ceux qui réussissent à échapper à la mort doivent s'exiler. La noblesse, en plus d'avoir perdu ses titres et fonctions, voit ses terres et biens confisqués par les révolutionnaires. On envoie à mort souvent sans jugement. On évalue à 42 000 le nombre de guillotinés.

Dans *Le Colonel Chabert*, les nobles — tels que le comte Ferraud — ont dû fuir pendant cette période très sombre, en abandonnant leurs biens derrière eux. C'est pourquoi, dans le roman, certains personnages parlent des « *affreux et tristes désastres de nos temps révolutionnaires* » (l. 42-43).

Le Directoire (1795-1799)

À la période de la Terreur, qui ne laissait place qu'aux révolutionnaires extrémistes, succède un compromis que l'on appelle le Directoire. Il s'agit d'un régime politique pendant lequel la France révolutionnaire tente de revaloriser le système politique et économique qui avait périclité lors de la Terreur.

Le jeune militaire Napoléon Bonaparte (1769-1821) choisira cette période pour se faire connaître. Il vainc avec des succès foudroyants

---

1. En effet, les guerres de propagande révolutionnaire, c'est-à-dire contre « le pouvoir absolu des rois », sont vite devenues des guerres de conquêtes. Elles ont permis à la France d'agrandir peu à peu son territoire. En plus de craindre pour leurs territoires, les souverains des pays avoisinants — tels que l'Angleterre, la Prusse, la Russie, l'Espagne et l'Italie — voient d'un mauvais œil la chute du régime monarchique en France. Ils craignent évidemment la révolte de leur propre peuple. Ces souverains tentent de remettre un monarque à la tête de la France.

les forces alliées, en guerre contre la France révolutionnaire. Les villes conquises se voient pillées; les souverains vaincus doivent verser d'importantes indemnités de guerre. Les coffres du Directoire sont directement alimentés par les guerres de Napoléon. Ce dernier ne tardera d'ailleurs pas à demander, lui aussi, sa part de pouvoir…

LA PÉRIODE NAPOLÉONIENNE (1799-1815)

Le Consulat (1799-1804)

Malgré le fait que Napoléon soit un stratège militaire très utile à la France, le Directoire lui laisse peu de pouvoir décisionnel. Alors, le 18 brumaire an VIII [1], Napoléon Bonaparte commet un coup d'État et prend le contrôle de la France.

Il institue un Consulat et est nommé consul à vie en 1802. Napoléon fonde ce régime à partir des idées nouvelles de la Révolution, dont le principe fondamental est la souveraineté de la nation. Cependant, de son pouvoir émergeront aussi des principes qui rappellent la monarchie : ceux de l'autorité et de la centralisation des pouvoirs.

L'Empire (1804-1815) : l'impérialisme napoléonien contre l'Europe monarchiste

Possédant un pouvoir politique de plus en plus fort, menant des guerres de conquêtes de plus en plus victorieuses, Napoléon devient la figure dominante en Europe. Couronné empereur des Français (sous le nom de Napoléon Ier) en 1804, il a bien l'intention de régner comme maître absolu sur l'Europe en poursuivant ses guerres de conquêtes. D'ailleurs, dans Le Colonel Chabert, l'auteur mentionne plusieurs batailles napoléoniennes : l'Égypte, Iéna, Austerlitz et, bien sûr, Eylau, que Chabert décrit en termes grandioses.

Dès 1808, Napoléon crée une nouvelle « noblesse » fondée non pas sur la lignée familiale, comme à l'époque où les rois dirigeaient le pays, mais sur le mérite. Si le monarque de l'Ancien Régime distribuait des titres à sa noblesse par droit divin, Napoléon, lui, le fait

---

1. Les révolutionnaires avaient modifié les mois du calendrier ; le 18 brumaire an VIII correspond au 9 novembre 1799.

pour assurer son pouvoir politique et pour son propre plaisir[1].
Balzac rend avec finesse l'idée de « méritocratie » napoléonienne à
travers la montée sociale de Chabert, qui passe du statut d'orphelin
à celui de colonel, de comte et de grand-officier de la Légion d'honneur sous l'Empire !

En plus de récompenser largement ses bons sujets (principalement ses militaires et les membres de sa famille), Napoléon restitue à
certains membres de l'ancienne aristocratie (celle de l'Ancien
Régime) ses titres nobiliaires. En fait, Napoléon veut fusionner l'ancienne aristocratie à la nouvelle « noblesse démocratique » qu'il est en
train de créer. Dans *Le Colonel Chabert,* il est clairement dit que
Napoléon désire que la comtesse Chabert (qui est une comtesse de
l'Empire) épouse le comte Ferraud (issu d'une famille noble
de l'Ancien Régime), car il souhaite créer une « fusion » (l. 1263) entre
ces deux aristocraties.

Mais, l'aristocratie de l'Ancien Régime ne se montre guère impres-
sionnée par la nouvelle noblesse napoléonienne. Pour l'aristocratie,
les membres de cette nouvelle noblesse demeurent des êtres grossiers
et sans culture. Pour les royalistes, la noblesse, c'est la noblesse de
sang ! D'ailleurs, dans *Le Colonel Chabert,* l'aristocratie du faubourg
Saint-Germain veut s'assurer que le mariage du comte ne constitue
pas une « défection » (l. 1272), c'est-à-dire un changement de clan.
Car, l'ancienne aristocratie — toujours fidèle au roi — organise tran-
quillement le retour d'un monarque à la tête de la France.

En 1811, Napoléon domine l'Europe. Il a réussi à fonder un Empire
— à partir de principes révolutionnaires qui ont été vite détournés de
leurs objectifs — au cœur même d'une Europe monarchiste. Petit
Corse issu de rien à Empereur tout-puissant, Napoléon connaît un
destin exceptionnel. Il sera une source d'inspiration pour les poètes et
les peintres de son époque.

---

1. En effet, Napoléon distribue des titres pour récompenser ses bons sujets. Il auréole de titres
   nobiliaires (princes, ducs, comtes) ses hauts gradés militaires et ses hauts fonctionnaires.
   En outre, il crée toute une série de titres prétentieux mais vides de sens, tels que grand-électeur,
   grand-chambellan, grand-amiral.

PETIT CORSE ISSU DE RIEN À EMPEREUR TOUT-PUISSANT,
NAPOLÉON BONAPARTE CONNAÎT UN DESTIN EXCEPTIONNEL.
CAMPAGNE DE FRANCE, 1814 PAR ERNEST MEISSONIER (DÉTAIL).
MUSÉE D'ORSAY, PARIS.

Le mythe napoléonien

Craint ou adulé, Napoléon Bonaparte devient rapidement une figure légendaire et mythique du début du XIXe siècle. D'abord, Napoléon semble un homme qui s'est «créé seul[1]». Les grandes qualités de Napoléon comme chef de l'armée, les nombreuses conquêtes qu'il a réussies dans des conditions difficiles (accompagné souvent de militaires inexpérimentés) l'ont fait reconnaître comme un habile stratège militaire. Esprit vif et brillant, il a instauré des changements marquants dans les pratiques administratives et juridiques[2].

Toutefois, l'image du militaire aux qualités exceptionnelles ne s'est pas créée seule. Les écrits propagandistes ont largement contribué à l'édification de cette image idéalisée. D'abord, continuellement, les Bulletins de la Grande Armée ont informé le peuple des batailles impériales en cours. Puis, la publication de *Victoires et Conquêtes* offre des commentaires sur les foudroyantes campagnes menées par Napoléon. En réalité, on parle davantage des victoires que des défaites. On y décrit un Napoléon qui possède une nature surhumaine[3]. Les bonapartistes, tels que Chabert, lisent avec intérêt ces publications.

De surcroît, lors du «premier retour du Roi» (l. 1333), Napoléon apparaît comme un chef militaire invincible et idolâtré de ses soldats. En effet, en 1814, les armées alliées assurent le retour du roi Louis XVIII à la tête de la France. Obligé d'abdiquer, Napoléon est condamné à l'exil sur l'île d'Elbe. Cependant, il n'entend pas laisser le pouvoir aussi facilement! En 1815, il reprend le contrôle du pays pour les Cent-Jours (de mars à juin 1815) en ralliant à sa cause ses soldats — toujours fidèles — qui étaient venus pour l'arrêter!

---

1. Napoleone Buonaparte est né à Ajaccio, en Corse, le 15 août 1769 et il est mort le 5 mai 1821, en exil sur l'île Sainte-Hélène. Issu d'une famille de petite noblesse, il sera mis en pension à l'âge de 10 ans dans des écoles en France. À cause de son nom à consonance italienne, il est le souffre-douleur de ses camarades français, souvent issus de familles nobles. Pourtant, pendant la Révolution, Napoléon, alors dans la jeune vingtaine, devient l'un des plus ardents défenseurs des idées républicaines françaises: «Liberté, Égalité, Fraternité».

2. Dès le début de son règne, Napoléon a réorganisé les finances publiques et le système de justice, il a créé des lycées et la Banque de France. Au niveau juridique, le Code civil (aussi appelé le Code Napoléon) est promulgué en 1804.

3. Même pendant son exil, le journal bonapartiste *Le Constitutionnel* continuera à défendre les idées d'un «Empereur» idéalisé.

Toutefois, la même année, il subit une amère défaite : son Empire s'écroule lors de la bataille de Waterloo. L'Empereur est contraint d'abandonner ses fonctions une seconde fois et sera emprisonné sur l'île Sainte-Hélène. L'exil de Napoléon et le retour d'un roi compliquent la vie aux anciens militaires de la Grande Armée. D'abord, ils se retrouvent au chômage forcé : Louis XVIII n'en veut pas dans son armée formée de mercenaires. De plus, ils sont parfois surveillés par la police royale ; le roi craint que les militaires n'organisent le retour de Napoléon[1]. C'est pourquoi, dans le roman de Balzac, Chabert sera un héros de l'Empire, perdu dans le monde de la Restauration.

La Restauration (1815-1830)

En 1815, la Restauration, comme son nom l'indique, remet en place la monarchie de l'Ancien Régime qui existait avant la Révolution.

À partir de 1815, Louis XVIII reprend définitivement sa place sur le trône. L'exercice de son pouvoir s'avère cependant difficile : il doit tenir compte des intérêts des différentes classes sociales. Dès le début de son mandat, il accorde la Charte, qui garantit certains acquis de la Révolution, tels que « la liberté de presse, la liberté politique et la vente des biens nationaux ». Cette dernière clause stipule que les citoyens peuvent conserver les biens acquis pendant la Révolution et ayant appartenu à l'Église et à la noblesse. Toutefois, si ces biens n'ont pas été vendus, les aristocrates — de retour d'exil — peuvent tenter de les récupérer.

Cette situation entraînera de nombreux procès pour les nobles, entre autres pour ceux qui ont fui pendant la période révolutionnaire et qui rentrent d'exil (le retour des « émigrés »). En effet, la classe aristocratique tient à récupérer la totalité de ses biens. Dès lors, les cabinets d'avoués se multiplient au rythme des procès. C'est d'ailleurs ainsi que débute *Le Colonel Chabert* : par une longue requête adressée au roi et dans laquelle la vicomtesse de Grandlieu désire obtenir la restitution de ses biens.

---

1. Jusqu'à sa mort, en 1821, Napoléon demeurera un homme craint et adulé. On dit qu'il aurait été probablement empoisonné lentement pendant ses dernières années d'exil… Cette hypothèse contribue également à maintenir l'image d'un surhomme qui a résisté tant qu'il a pu à une mort qui l'emportait lentement mais inéluctablement.

De plus, Louis XVIII ne peut ignorer la bourgeoisie — issue du régime impérial —, qui possède davantage de capitaux que la vieille aristocratie. Le règne de Louis XVIII ne semble qu'un compromis entre l'aristocratie et la bourgeoisie dans le cadre formel d'une monarchie. Car, sous la Restauration, c'est davantage l'argent et le pouvoir de l'administration publique et parlementaire — et toute la bureaucratie qui en découle — qui dirigent le pays qu'une monarchie que bien peu prennent au sérieux.

Dans *Le Colonel Chabert,* nous ne pouvons passer sous silence les moqueries que l'administration de Louis XVIII inspire aux clercs de l'Étude — ce haut lieu de bureaucratie administrative. Sous la Restauration, les batailles civiles ont remplacé les batailles militaires napoléoniennes, les hommes d'administration ont remplacé les hommes d'action du défunt Empire. Balzac l'illustre très bien dans son œuvre. Ce sera le drame de notre Chabert : il ne peut plus être soldat dans ce monde de paperasserie.

Le contexte artistique : romantisme et réalisme

LE ROMANTISME

Balzac : un marginal par rapport au romantisme

La moitié du XIXᵉ siècle est dominée par la doctrine romantique. Le romantisme français s'insurge contre les règles rigides du classicisme des siècles précédents. À l'opposé de la « raison » classique, les auteurs romantiques privilégient l'expression personnelle de leurs passions et de leurs sentiments. Ils utilisent le « je » pour exprimer leurs tumultes individuels, leur spleen et leur mal de vivre. La rêverie, l'irrationnel, l'intuition déclassent le classicisme et le rationalisme des siècles passés.

La poésie et le théâtre, principalement, traduiront très bien les thèmes romantiques privilégiés, tels que la nature, l'imagination, le sentiment, la nostalgie, le temps et l'exotisme. En 1827, Hugo, dans la préface de son *Cromwell,* trace les grandes lignes du drame romantique : un mélange de sublime et de grotesque — à l'exemple du théâtre de Shakespeare — qui se situe en dehors des règles classiques.

« [...] Quand je pense que Napoléon est à Sainte-Hélène,
tout ici-bas m'est indifférent. [...] »

Lignes 2085 et 2086.

NAPOLÉON À SAINTE-HÉLÈNE PAR G. G. GROSS.

BILDARCHIV NATIONAL BIBLIOTEK, VIENNE.

Une nouvelle façon de sentir et d'écrire regroupera toute une jeune génération d'écrivains qui revendiqueront le statut de modernes.

Du côté du roman, on privilégie l'arrière-fond historique et pittoresque ainsi que l'expression personnelle des sentiments. Les écrivains se laissent emporter par les bouleversements de l'Histoire. La Révolution et l'Empire leur inspirent des thèmes exaltés : le destin, la gloire, l'individu face au temps. Un homme comme Napoléon Bonaparte fascine. Il possède les qualités du héros romantique : parti de rien, il connaît un destin exceptionnel grâce à sa nature surhumaine (voir « Le mythe napoléonien », p. 97).

Balzac, dans *Le Colonel Chabert,* mettra en scène un Napoléon plus grand que nature. Ce dernier possède, selon Chabert, des qualités de cœur exceptionnelles. Napoléon récompense largement le courage de ses soldats et Chabert lui voue un culte indéfectible. Il y voit également la figure paternelle : « [...] j'avais un père, l'Empereur ! » (l. 711). Napoléon devient, à travers le récit de Chabert, un héros idéalisé, mythifié, rejoignant, en cela, les caractéristiques du romantisme.

LE RÉALISME

1830-1850 : les historiens du présent

Toutefois, le désir des écrivains romantiques de rendre compte d'évènements historiques éloigne graduellement le genre romanesque de la voie... du romantisme. En effet, à partir de 1830, certains romanciers associés au romantisme, tels que Balzac et Stendhal, écriront de plus en plus des romans à tendance réaliste. Ces écrivains tendent vers la vérité objective. Balzac, avec ses descriptions réalistes, et Stendhal, qui adopte un ton journalistique, sont considérés comme les créateurs du réalisme moderne [1], car ils sont des « historiens du présent ».

Les réalistes ne conçoivent pas les œuvres comme un simple divertissement : un roman se doit d'être basé sur l'observation et la documentation. L'auteur réaliste veut voir bouger sous sa plume

---

1. Le terme « réalisme », employé pour qualifier la littérature, apparaît une première fois en 1828 dans une critique du *Mercure de France,* puis il est consacré en 1833 dans des articles de *La Revue des deux mondes.* Toutefois, ce n'est que vers 1845 que la critique littéraire utilisera ce terme de façon courante. Bien que la tendance réaliste naisse vers 1830 — à travers le roman —, la doctrine du mouvement réaliste, quant à elle, ne se développe que vers 1850.

l'histoire et la vie réelle de son monde contemporain. Pour les réalistes, le véritable artiste ne cherche pas seulement à donner une image idéalisée du réel. Son rôle est plutôt de rendre compte objectivement des faits. Les personnages et les situations ont donc l'obligation d'apparaître vraisemblables.

Chez Balzac, nous retrouvons les traits réalistes à travers ses descriptions de lieux et ses portraits de personnages : il cherche à « saisir le réel [1] ». De plus, le fait d'insérer des personnages historiques ou connus ajoute une vraisemblance au récit. Le projet même de *La Comédie humaine* se voulait le projet d'un écrivain réaliste. En effet, « le réel » y est illustré à travers l'histoire des mœurs de la société [2].

Ainsi, le colonel Chabert sera un héros romantique perdu dans un monde réaliste. Romantique, puisque Chabert pense avec nostalgie à son Empire mythifié. Il voue un culte inconditionnel à son « Empereur », auquel il s'identifie. Toutefois, Chabert se trouve également perdu dans un monde réaliste. Balzac insère son héros dans le monde perfide de la Restauration, qu'il ne cherche pas à idéaliser. Réaliste, puisque l'univers balzacien est un univers de combines et de manipulations souvent politiques. Le colonel Chabert, comme d'autres personnages de *La Comédie humaine,* sera isolé, puis vaincu, par une société dans laquelle la valeur dominante est l'argent.

---

1. Pour Balzac, il était essentiel d'avoir « une prise sur le réel », c'est-à-dire de traduire l'ensemble des aspects de la réalité tel un kaléidoscope.
2. Balzac offre « une chronique de la vie privée de son époque », mais il utilise des procédés littéraires qui relèvent de la prose réaliste. Chronique de la vie privée, certes, mais nous devons nous rappeler qu'il s'agit de fiction et non de documentaire.

BALZAC ET SON ŒUVRE

Balzac : le contexte familial de la petite bourgeoisie

Balzac naît à Tours, le 20 mai 1799. Son père, Bernard-François Balssa, se taille une place de choix dans la petite bourgeoisie locale ; il devient successivement clerc du procureur et secrétaire au Conseil du roi. Vers 1802, il n'hésite pas à ajouter à son nom la particule « de », signe distinctif de la noblesse. Balzac, lui aussi, signera en 1830 « de Balzac ». Sa mère, née Laure Sallambier, est beaucoup plus jeune que son mari (ils ont 32 ans de différence). De cette union naîtront successivement Louis-Daniel (1798-1798), un enfant qui ne survivra pas, puis Honoré, Laure (1800-1871) et Laurence (1802-1825). Mais la relation des époux semble médiocre. Laure Sallambier aura un fils illégitime, Henri (1807-1858), qu'elle préférera nettement à Honoré.

Ainsi, Balzac sera mis en pension au Collège oratorien de Vendôme, entre 1807 et 1813. Il ne reviendra qu'une seule fois dans sa famille. Balzac souffrira de cette enfance passée loin de sa mère, et la relation mère-fils demeurera toujours tendue et difficile. Dès 1814, ses études se poursuivent dans une pension à Paris, puis à la Faculté de droit. En 1817, il est placé par sa famille comme clerc chez maître Guillonnet de Merville, où il fait un bref stage d'un an et demi. De Merville lui servira probablement de modèle pour le personnage de Derville dans *Le Colonel Chabert*. À la grande déception de sa famille, le jeune Balzac ne se montre guère intéressé par la lucrative carrière d'avoué. Il a plutôt la ferme intention d'inscrire son nom au panthéon des auteurs les plus prolifiques du xixe siècle.

Balzac : une vie mondaine et professionnelle frénétique

Lorsque nous prenons connaissance de l'œuvre littéraire et journalistique de Honoré de Balzac, deux aspects étonnent singulièrement : l'immensité de l'œuvre et la mort prématurée de l'auteur. En effet, l'auteur est à peine âgé de 51 ans lorsqu'il meurt à Paris le 18 août 1850. Il laisse pourtant derrière lui une œuvre littéraire gigantesque : en une trentaine d'années, il a signé plus de 100 titres !

Laure Sallambier, mère de
Honoré de Balzac.

Cependant, si le rythme effréné et dissipé de la vie de cet écrivain a eu raison de sa santé robuste, c'est paradoxalement cette urgence de vivre qui l'a poussé et qui lui a donné la fougue d'écrire des milliers et des milliers de pages. C'est donc à une cadence frénétique que se déroulera sa vie mondaine, amoureuse et professionnelle. Trois excès domineront sa vie : les femmes, l'argent et l'écriture.

LES FEMMES

Les femmes occupent une place importante dans la vie de l'auteur. En 1822, à Villeparisis, Balzac fait l'importante rencontre de celle qu'il surnomme « la Dilecta », Laure de Berny (1777-1836), qui deviendra son amie fidèle et son amante. Cette femme ainsi que la duchesse d'Abrantès (1784-1838), avec laquelle il se lie en 1826, alimenteront l'imagination du jeune Balzac. En effet, elles connaissent très bien les rouages des sociétés des anciens régimes (la Révolution et l'Empire). Elles seront pour Balzac des amies généreuses et précieuses.

En 1832, l'écrivain reçoit une lettre d'une admiratrice, signée « L'Étrangère ». Commence alors une relation épistolaire entre Balzac et madame Eveline Rzewuska (madame Hanska [1800-1882]). Issue de la noblesse polonaise, elle est mariée au comte Wenceslas Hanski (son aîné de 22 ans) et habite Kiev, en Ukraine. Entre madame Hanska et l'écrivain s'installe une relation amoureuse tourmentée : ils doivent se voir secrètement et demeurer parfois des années avant de se revoir. En 1841, le mari de la comtesse meurt. Madame Hanska hésite pourtant à marier Balzac, car elle craint son rythme de vie effréné et ses dettes criardes. En 1846, madame Hanska aura un fils mort-né et ce deuil laissera Balzac fou de douleur. Ils se marieront tardivement (le 14 mars 1850), quelques mois avant la mort de l'écrivain.

L'ARGENT

Tout au long de sa vie, Balzac fera preuve d'une gestion financière débridée : il emprunte des sommes importantes d'argent qu'il tarde à rendre et ne possède aucun sens des affaires. Notamment, en 1825, il se lance en édition, domaine qu'il abandonnera rapidement. En 1826, il fait l'acquisition d'une imprimerie et, en 1827, il achète une

LAURE DE BERNY

PORTRAIT PAR
HENRI NICOLAS VAN GORP,
VERS 1810.

COLLECTION LOVENJOUL.

MADAME HANSKA

PORTRAIT PAR
FERDINAND GEORG
WALDMÜLLER, 1835.

MUSÉE BERTRAND, CHÂTEAUROUX.

fonderie de caractères. Les deux dernières entreprises connaîtront des échecs cuisants.

Pourtant, ces tentatives infructueuses ne viendront pas à bout de sa ténacité, loin de là! En 1835, il fait l'acquisition du journal politique et littéraire *La Chronique de Paris,* dans lequel paraîtront plusieurs nouvelles, romans et articles. Il abandonnera ce journal peu de temps après. Ensuite, en 1840, il fonde *La Revue parisienne* (qu'il écrit seul); il ne publiera que trois numéros. Ses nombreux déboires financiers ne l'empêchent cependant pas de rechercher constamment «la bonne affaire».

De plus, cette curieuse gestion de son avoir lui causera de nombreux ennuis juridiques avec ses éditeurs. Il reçoit régulièrement des avances pour la rédaction de ses nouvelles et de ses romans, mais aussi régulièrement, il accumule du retard dans son travail ou ne livre pas la marchandise. Aussi, ces dettes criardes l'obligent à accepter toutes les propositions et à travailler sans relâche.

Malgré ses déboires financiers, malgré ses nombreux créanciers, Balzac conservera toujours les goûts luxueux d'un dandy. Il est vêtu avec une suprême élégance: il possède plusieurs cannes, dont certaines serties de pierres précieuses, une collection de gants, de robes de chambre, etc. Son goût du beau le pousse à acquérir des œuvres d'art et il dépense à outrance dans des repas gargantuesques avec ses amis.

Toutefois, ses rapports particuliers à l'argent ne font que mettre en relief son imagination débordante, sa joie de vivre, son désir de plaire, son goût du beau. Les éditeurs, malgré les nombreux procès qu'ils intentent, gagnent suffisamment d'argent avec ses titres. Aussi, ses créanciers, tels ses tailleurs, bien que certaines factures demeurent impayées, voient de temps à autre leur nom apparaître dans ses romans... Balzac leur offre ainsi une bonne publicité, presque gratuite...!

L'ÉCRITURE

À 20 ans, Balzac décide de tenter sa chance pour une carrière littéraire. D'abord, il écrit un *Cromwell* en vers. Ses débuts sont plutôt lents. Sous des pseudonymes, il rédige de la littérature alimentaire et

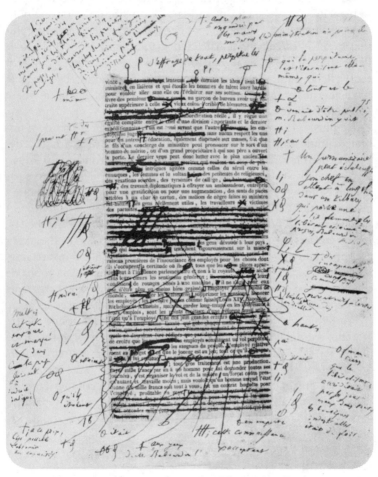

UNE PAGE D'UN MANUSCRIT DE HONORÉ DE BALZAC.

des physiologies (genre à la mode, à l'époque). En 1829, il publie sous son nom un premier roman, *Le Dernier Chouan* (qui sera remanié et rebaptisé, en 1834, *Les Chouans*). À partir de 1830, ses œuvres se succèdent rapidement. Cette année-là, l'auteur regroupe, sous l'appellation « Scènes de la vie privée », six de ses nouvelles. Avec *La Peau de chagrin*, en 1831, son talent est confirmé. S'ensuivront maints ouvrages, dont la monumentale *Comédie humaine*.

Après une vie dissipée, mais vécue de façon généreuse et vigoureuse dans son travail d'écrivain, Balzac rend l'âme en 1850 [1], en laissant une œuvre immense et immortelle : *La Comédie humaine*. Cette série de livres — près de 100 — met en scène, principalement, les milieux petits-bourgeois et aristocrates de Paris, de 1789 à 1830. À travers cette grande fresque historique seront développées de nombreuses thèses politiques, sociales et économiques. Bien que Balzac ait participé à la montée du romantisme, il s'inscrit, avec *La Comédie humaine,* comme l'un des premiers écrivains réalistes.

Lors de l'enterrement de Balzac au cimetière du Père-Lachaise, Victor Hugo fera un éloge funèbre qui restera célèbre : « [...] Tous ses livres ne forment qu'un livre, livre vivant, lumineux, profond, où l'on voit aller et venir et marcher et se mouvoir, avec je ne sais quoi d'effaré et de terrible mêlé au réel, toute notre civilisation contemporaine [...] »

La Comédie humaine

C'est en 1833, alors qu'il rédige *Le Père Goriot,* que Balzac a l'idée de faire réapparaître ses personnages d'un roman à l'autre. Progressivement, il élabore le vaste projet de relier entre elles ses œuvres publiées et à venir. En 1841, il annonce le plan de *La Comédie humaine,* qui regroupera la majeure partie de ses textes et qui paraîtra — sous ce titre général — entre 1842 et 1848.

La Comédie humaine possède le grandiose et le gigantisme d'une cathédrale — ce à quoi son auteur aimait la comparer — où chaque

---

1. Après sa mort, madame Hanska terminera la rédaction de la seconde partie du roman *Les Paysans.* Elle assurera la postérité de l'écrivain en veillant à la diffusion de son œuvre.

livre ressemble à un chapitre d'un grand texte[1]. Cette grande fresque historique — qui raconte l'histoire des mœurs de sa société, principalement entre la Révolution et la monarchie de Juillet — met en scène 2209 personnages, présentés en 91 ouvrages [2]. L'auteur avait prévu 137 ouvrages. Quelque 515 personnages réapparaîtront dans plusieurs romans [3].

Cet ensemble de livres est découpé en trois grandes parties : les «Études de mœurs», les «Études philosophiques» et les «Études analytiques». La première partie, «Études de mœurs», regroupe plusieurs scènes : «Scènes de la vie privée», «Scènes de la vie de province», «Scènes de la vie parisienne», «Scènes de la vie politique», «Scènes de la vie militaire» et «Scènes de la vie de campagne». C'est dans les «Scènes de la vie privée» que Balzac classe, en 1845, *Le Colonel Chabert*.

LES ÉPOQUES DÉCRITES DANS *LA COMÉDIE HUMAINE* [4]

Les histoires de *La Comédie humaine* se déroulent majoritairement entre 1789 et 1830. Dans le tableau des pages 111 et 112, chaque titre de *La Comédie humaine* est associé à la date du déroulement de son intrigue. Par exemple, l'histoire du *Colonel Chabert* se déroule, principalement, en 1818, sous la Restauration.

---

1. Balzac voulait dépasser le travail de sir Walter Scott (1771-1832), un écrivain qu'il admirait beaucoup. Selon Balzac, cet écrivain écossais, qui influença les romantiques par ses romans historiques, avait élevé le roman «à la valeur philosophique de l'histoire». Il regrettait cependant qu'il n'ait pas «songé à relier ses compositions l'une à l'autre de manière à coordonner une histoire complète dont chaque chapitre eût été un roman, et chaque roman, une époque» (Pierre-Louis Rey, *La Comédie humaine. Balzac*, p. 16). Avec *La Comédie humaine*, c'est ce que Balzac allait faire !

2. Selon la classification de Xavier Darcos dans *Histoire de la littérature française*, p. 298. Cette classification inclut les ouvrages qui furent ajoutés au plan initial de *La Comédie humaine*.

3. Pour Balzac, le retour d'un personnage permet d'en voir toutes les facettes, ce qui rend le personnage plus vraisemblable psychologiquement. En ce qui concerne le personnage du colonel Chabert, il n'y sera fait allusion qu'une fois dans *La Rabouilleuse*. Par contre, Derville reviendra dans une douzaine de romans.

4. D'après Félicien Marceau, *Balzac et son monde*, cité par Pierre-Louis Rey dans *La Comédie humaine. Balzac*, p. 13-15.

La Comédie humaine

Avant 1789

1308 : *Les Proscrits*
Après 1426 : *Jésus en Flandres*
1479 : *Maître Cornélius*
XVIe siècle : *L'Élixir de longue vie*
1560 : 1re partie de *Sur Catherine de Médicis*
1573 : 2e partie de *Sur Catherine de Médicis*
1591-1617 : *L'Enfant maudit*
1612 : *Le Chef-d'œuvre inconnu*
1758 : *Sarrasine*
1786 : 3e partie de *Sur Catherine de Médicis*

Sous la Révolution et l'Empire

Après 1789 : *Les Manara*
1793 : *Un épisode sous la Terreur, Le Réquisitionnaire*
1799 : *L'Auberge rouge, Les Chouans, Une passion dans le désert, Séraphita*
1800 : *La Vendetta*
1803-1806 : *Une ténébreuse affaire*
1806 : *Une double famille*
1808 : *El Verdugo*
1809 : *Le Lys dans la vallée, La Paix du ménage*, début de *Envers de l'histoire contemporaine*
1812 : *Adieu, Louis Lambert, La Recherche de l'absolu*
1813 : *La Femme de trente ans*
1815 : *Autre étude de femme*

Sous Louis XVIII

1815 : *La Fille aux yeux d'or, La Vendetta, La Rabouilleuse*
1816 : *La Vieille Fille*
1818 : *La Duchesse de Langeais*, **Le Colonel Chabert**
1819 : *La Bourse, Le Message, Ferragus, Le Père Goriot, Illusions perdues, César Birotteau, Eugénie Grandet*
1820 : *La Grenadière, Massimilla Doni*
1821 : *Le Contrat de mariage, La Messe de l'athée*
Avant 1822 : *Melmoth réconcilié*
1822 : *Facino Cane, La Femme abandonnée, Le Cabinet des antiques, Un début dans la vie*
1823 : *Étude de femme, Les Paysans, Mémoires de deux jeunes mariées*

Sous Charles X

1824 : *Un drame au bord de la mer, Honorine, Les Employés, Splendeurs et misères des courtisanes*

1825 : *Madame Firmiani*

1826 : *Le Curé de Tours, La Maison Nucingen*

1827 : *Pierrette*

1828 : *L'Interdiction*

1829 : *Le Médecin de campagne, Modeste Mignon, Ursule Mirouët, Le Curé du village*

Sous Louis-Philippe

1830 : *Gobseck, L'Illustre Gaudissart, La Peau de chagrin, Les Secrets de la princesse de Cadignan, Un prince de la Bohême, Les Petits Bourgeois*

1831 : *Gambara*

1832 : *Pierre Grassou*

1833 : *Une fille d'Ève, Un homme d'affaires*

1834 : *Albert Savarus*

1835 : *La Fausse Maîtresse*

1836 : *Z. Marcas, Béatrix, La Muse du département*

1838 : *La Cousine Bette*

1839 : *Le Député d'Arcis*

1844 : *Gaudissart II, Le Cousin Pons*

1846 : *Les Comédiens sans le savoir*

Balzac : le père du roman moderne

C'est toutefois plusieurs années après sa mort que l'on considérera Balzac comme le père du roman moderne. En effet, bien des critiques, tels que Zola, pensent que, avant Balzac, le roman se limite au roman d'imagination ou de divertissement. Pour Zola, en s'instituant comme « historien du présent » avec sa fresque *La Comédie humaine*, Balzac a ouvert la voie royale du roman réaliste.

Pourtant, à son époque, ce nouvel art d'écrire n'est pas facilement accepté. Par exemple, Sainte-Beuve, un critique de l'époque de Balzac, n'approuve pas ce procédé. Les critiques les plus virulentes proviennent sûrement de Chaudes-Aigues. On apprécie peu le type de romans qui met en scène des personnages dans lesquels les bourgeois reconnaissent leurs travers : on y voit une critique corrosive. De plus, mettre en scène des individus « ordinaires », qui ne vivent pas de destins exceptionnels, tient du vulgaire pour les « véritables » lettrés.

En réalité, l'esprit puriste des « véritables » littéraires n'apprécie guère que les personnages de l'univers balzacien s'expriment avec un vocabulaire populaire plutôt qu'en utilisant un langage soutenu et recherché. Pour la critique conventionnelle de l'époque, un véritable écrivain se doit de philosopher sur les thèmes traditionnels de la littérature. Ainsi, Balzac apparaît davantage comme un simple vendeur de livres destinés au grand public. À cette époque, ce n'est pas le romancier qui tient le haut du pavé littéraire, mais les hommes de théâtre, les poètes, les philosophes. Balzac, quant à lui, avec *La Comédie humaine*, a voulu être le témoin de sa société, en décrire les mœurs, en comprendre les moindres méandres !

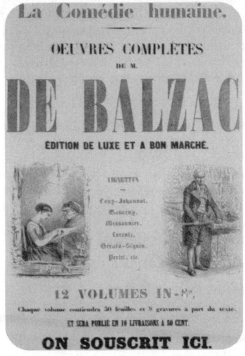

Avec *La Comédie humaine*, Balzac a voulu être le témoin de sa société, en décrire les mœurs, en comprendre les moindres méandres !

L'ŒUVRE EXPLIQUÉE

Le titre de l'œuvre

Ce roman s'est intitulé de trois façons différentes entre 1832 et 1844. Il a d'abord été publié sous le titre *La Transaction* en 1832 dans la revue *L'Artiste*. Ensuite, il a été profondément remanié et publié de nouveau en 1835 sous le titre *La Comtesse à deux maris*. Enfin, en 1844, Balzac lui donne le titre définitif *Le Colonel Chabert*.

LA SIGNIFICATION DU TITRE

L'analyse du titre du roman *Le Colonel Chabert* offre les clés de compréhension du récit. En fait, l'association des deux termes *Colonel* et *Chabert* dévoile que notre héros a été promu colonel à cause d'une conjoncture historique précise. En effet, à la fin du XVIIIᵉ siècle et au début du XIXᵉ siècle, les grades et les titres se voyaient attribués aux classes privilégiées du moment. Pendant le règne du roi Louis XVI, l'élite aristocrate était privilégiée, alors que sous l'Empire, c'était l'élite militaire qui obtenait des titres prestigieux.

Avant 1789, c'est-à-dire sous l'Ancien Régime, un orphelin recueilli par l'État, comme Chabert, n'aurait jamais pu obtenir un titre si convoité. Le fait que Chabert, qui ne provenait pas d'une noble lignée, ait pu obtenir un titre militaire est directement lié au système mérito-cratique instauré par Napoléon (voir p. 94-95). Chabert, sous l'Empire, devient ainsi un homme titré : comte, grand-officier de la Légion d'honneur et colonel de la Grande Armée.

Toutefois, lorsque Chabert réapparaît à l'Étude de Derville, en 1818, après 10 ans d'absence, « les choses politiques » ont changé. Napoléon est en exil forcé sur l'île Sainte-Hélène et une monarchie est de retour en force depuis 1815. Dans ce nouveau monde, où un roi règne à nouveau, l'ancienne élite impériale ne jouit plus de la reconnaissance qu'elle avait pendant l'Empire. Si pendant l'Empire le soldat napoléonien fait figure de héros, sous la Restauration, il est un bonapartiste suspect.

Chabert, dans cette monarchie restaurée, redevient, en quelque sorte, l'homme de pauvre condition qu'il était lors de l'Ancien

Régime. En 1818, un « colonel Chabert » est un héros de l'Empire qui perdra ses repères dans le monde ingrat de la Restauration.

Les sources d'inspiration

Pour l'écriture de ce roman, Balzac s'est inspiré d'un fonds littéraire connu, satirique et familier pour le lecteur de son époque. *Le Colonel Chabert* se situe à la jonction de ces sources d'inspiration, tant pour sa forme[1] que pour son contenu. Sous la Restauration, le thème des avoués est un sujet d'actualité : on ne compte plus les procès liés au retour des « émigrés » qui avaient fui pendant la Révolution. De plus, le thème du revenant (le retour de celui que l'on croyait mort) est à la mode : plusieurs militaires reviennent des champs de bataille après des années de guerre. Ainsi, un véritable colonel Chabert aurait même pu inspirer l'écrivain.

Mais Balzac est d'abord et avant tout un observateur. Il désire « saisir le réel ». Il est fort probable que Balzac ait puisé dans ses propres souvenirs, à l'époque où il étudiait dans un cabinet d'avoués comme stagiaire (voir p. 103). Nous savons également que madame de Berny a largement documenté Balzac — en lui racontant moult détails sur la vie des époques précédentes. Elle pourrait lui avoir raconté l'histoire du retour d'un soldat déclaré mort à la guerre.

Les personnages

Les personnages du *Colonel Chabert* appartiennent à deux clans bien distincts. Ils représentent en réalité deux régimes politiques dont les idéologies et les valeurs se heurtent : celui de l'Empire napoléonien et celui de la Restauration.

Les personnages liés au monde bonapartiste, à l'exemple du colonel Chabert, possèdent d'emblée certaines caractéristiques associées aux soldats de la Grande Armée : le patriotisme, le courage,

---

1. En effet, de nombreux exemples de textes, dans lesquels prédominent des descriptions réalistes, auraient pu influencer Balzac. Entre autres, le texte à la prose réaliste *Tableau de Paris* de Sébastien Mercier, ainsi que « L'Étude d'un huissier » (tiré du recueil d'articles *Le Rôdeur français*) de l'auteur Balisson de Rougemont, qui pratiquait la littérature de reportage sous la Restauration.

« [...] Murat vint à mon secours, il me passa sur le corps, lui et tout
son monde, quinze cents hommes, excusez du peu ! [...] »

Lignes 443 à 445.

la loyauté, la générosité, l'honnêteté et la gratitude. Ceux qui symbolisent la Restauration par contre, telle la comtesse Ferraud, sont arrivistes, insensibles, cruels, égoïstes, avides de pouvoir et d'argent, opportunistes, bavards et incultes. Ils semblent n'être que les représentants du régime qui les a formés.

CHABERT : UN HÉROS ROMANTIQUE PERDU DANS UN MONDE RÉALISTE

Patriotisme, courage, gratitude, loyauté, voilà des caractéristiques qui définissent bien Chabert, aux prises avec le monde cruel de la Restauration. Chabert est le héros romantique par excellence : il évoque avec nostalgie son Empire perdu. Il représente le soldat fidèle, intègre et courageux qui voue un culte sacerdotal à celui qu'il considère comme son père spirituel : Napoléon. Il a prouvé son amour pour sa patrie en participant aux grandes batailles, qu'il décrit de façon magistrale. Avec lui, ces grands moments relèvent de la mythologie et Napoléon y apparaît comme un dieu. Ses souvenirs sont idéalisés, magnifiés. Chabert se décrit lui-même plus grand que nature : un être qui, en survivant, a fait preuve d'une endurance extraordinaire, alors qu'une cavalerie passait sur lui. Militaire de profession, il sait garder le silence et connaît le pouvoir des mots. Son malheur, il nous l'exprime ainsi : « Je ne puis plus être soldat [...] » (l. 2086-2087). Il est un héros romantique perdu dans un monde réaliste.

LOUIS VERGNIAUD : L'« ÉGYPTIEN »

Le personnage de Louis Vergniaud a pour fonction de mettre en relief les qualités soldatesques et bonapartistes du colonel Chabert. Alors que la société de la Restauration ne montre aucune reconnaissance envers Chabert, Vergniaud n'hésite pas à l'appeler « mon général » (l. 1199). Amitié, fraternité, égalité, solidarité, respect, générosité, gratitude, voilà les liens qui unissent ces deux compagnons d'infortune. Tout comme Chabert, c'est un héros de l'Empire perdu dans la Restauration. C'est un individu écrasé socialement : ayant pris un établissement au-dessus de ses forces financières, il devra changer de métier pour assurer sa subsistance.

DERVILLE : LE TÉMOIN DE SON ÉPOQUE

Derville est le plus nuancé des personnages du *Colonel Chabert* : il n'est ni entièrement assimilé aux valeurs de la Restauration ni tout à fait convaincu de celles de l'Empire. Il est l'observateur, le narrateur, l'écrivain… le philosophe. D'abord, il est le jeune avoué ambitieux typique de la Restauration. Courtoisie, politesse, ambition et désir de gagner de l'argent le caractérisent. Cependant, Derville a soif de savoir. Ce ne sont pas seulement ses idées républicaines ou bonapartistes qui l'aident à prendre conscience des clivages sociaux qu'a entraînés la Restauration. Il veut comprendre sa société. Il la regarde et la critique en toute lucidité : il en est le témoin. Il devient celui qui a « *vu* » *son époque,* et qui *l'écrit.*

MADAME FERRAUD : LE « BOURREAU » DU COLONEL CHABERT

L'arrivisme, l'égoïsme, la manipulation, l'ingratitude et le calcul définissent très bien madame Ferraud. Rose Chapotel, ancienne prostituée, comme le lui rappelle cavalièrement Chabert, a su tirer parti de ses relations. En effet, ses deux maris, Chabert et Ferraud, lui permirent de devenir successivement comtesse de l'Empire puis comtesse de la Restauration. Les réflexions de Derville à son sujet dévoilent que Rose Chapotel utilise les gens — particulièrement les hommes — pour arriver à ses fins. Grande manipulatrice — doublée d'une habile comédienne —, elle fait preuve d'un égoïsme sans merci. Elle symbolise la parfaite « petite-maîtresse » (l. 1425-1426), la parfaite comtesse de la Restauration.

MONSIEUR FERRAUD : L'ARISTOCRATE ROYALISTE ET OPPORTUNISTE

Le comte Ferraud connaît un parcours assez typique de l'aristocrate de la Restauration. D'abord royaliste, il sait que la patience paye. Par le portrait que Derville nous en trace, nous savons que, sous la Terreur (en 1793), il s'est exilé alors que son père perdait sa fortune. Pendant l'Empire napoléonien, le comte Ferraud attend patiemment le retour d'un roi à qui il demeure loyal et fidèle. Malgré son mariage avec Rose Chapotel — alors comtesse de l'Empire —, il « résista noblement aux séductions de Napoléon » (l. 1248-1249). Il ne veut obtenir aucune faveur de l'Empereur.

Il utilise ses relations de façon affairiste : avec le retour d'un roi, il obtient un poste confortable et devient « conseiller d'État, directeur général » (l. 1281). Le personnage met en relief le pouvoir des clans et de l'argent. Le roi ne semble jouer que le rôle de guignol administratif. Tout est « politique ». Il importe avant tout d'arriver à ses fins.

LES CLERCS : LES « SANS-CULTURE » AU POUVOIR

Les clercs représentent bien la petite bureaucratie administrative au pouvoir durant la Restauration. Ils n'hésitent pas à se moquer du pouvoir administratif de Louis XVIII, ce qui dénote un non-asservissement au souverain. La seule idéologie qu'ils prônent est celle de l'argent. Ils prennent peu leur travail au sérieux. Leurs discussions ressemblent davantage à une cacophonie, à un babillage vide de sens où ils étalent leur manque de culture. Ils éprouvent un vif plaisir à pratiquer l'art de l'argumentation de façon espiègle, comme en témoigne la scène dans laquelle ils dissertent sur la question « Qu'est-ce qu'un spectacle ? » (l. 254).

L'espace — les lieux

Tout comme pour les personnages, nous associons les lieux à une idéologie politique. Certains lieux appartiennent au monde de l'Empire, alors que d'autres nous ramènent à celui de la Restauration. De plus, la description des lieux met indirectement en relief les caractéristiques des personnages qui y habitent. Certains endroits favorisent ou défavorisent Chabert, c'est-à-dire que nous y reconnaissons ou non ses qualités soldatesques [1].

---

1. En fait, Balzac décrit d'abord les lieux avant les personnages. Les lieux renvoient donc aux caractéristiques des personnages qui y habitent. « Vous connaissez la cage, voici l'oiseau », écrit Balzac dans *Modeste Mignon*.

L'ÉTUDE EST UN LIEU DE PAPERASSERIE ET DE POUVOIR,
UN LIEU ADMINISTRATIF DOMINÉ PAR UNE LOURDE BUREAUCRATIE
QUE SEULS LES INITIÉS COMPRENNENT.

Les lieux de la Restauration

L'Étude : le lieu de la cacophonie et de la réflexion

L'Étude offre une représentation satirique du monde des avoués. C'est un lieu de paperasserie et de pouvoir, un lieu administratif dominé par une lourde bureaucratie que seuls les initiés comprennent. La description de l'Étude nous renvoie à un univers sale, crasseux, où règnent des êtres dépourvus de culture et qui tiennent des propos vides de sens. Dans ce monde se prennent les décisions extrêmement importantes liées au retour du roi, car Louis XVIII a tout avantage à voir les « émigrés » récupérer leurs biens sans trop de heurts. Les gens qui travaillent dans l'Étude sont donc investis d'un pouvoir important, malgré le côté bien modeste de la fonction qu'ils occupent (de simples clercs). Balzac nous la décrit comme l'une des plus horribles des « boutiques sociales » (l. 130) où tout se joue, où la conspiration et le calcul prédominent. C'est le lieu par excellence de l'ambition, du chacun-pour-soi et de la soif d'argent.

Toutefois, ce lieu ne possède pas seulement des aspects négatifs. C'est là que l'on croit Chabert pour la première fois. Avec Derville, l'Étude devient un endroit de questionnement sur l'époque, sur le plan social et politique, et, également, un lieu d'interrogation existentielle. Avec le personnage de Derville, l'Étude devient donc un lieu qui symbolise aussi la réflexion, le questionnement.

Groslay : le lieu de la trahison

Dans *Le Colonel Chabert*, la campagne sera le haut lieu de la trahison. Habile comédienne et manipulatrice à souhait, madame Ferraud y isole Chabert — avec l'aide de Delbecq — afin de lui faire abandonner sa poursuite. À Groslay, Chabert connaîtra le dégoût de l'humanité, il méprisera cette femme qui préfère les vêtements de luxe aux nobles sentiments. Le lecteur y constate avec horreur le caractère impitoyable et cruel des personnages qui symbolisent la Restauration.

DES VERTUS SOLDATESQUES, ISSUES DES PRINCIPES
RÉPUBLICAINS — LIBERTÉ, ÉGALITÉ, FRATERNITÉ —,
LIENT LES ANCIENS DE L'EMPIRE.

MILITAIRES RENTRANT DANS LEUR FAMILLE
APRÈS LA DÉFAITE DE WATERLOO.

MUSÉE DE L'ARMÉE, BRUXELLES.

Les hospices Bicêtre, Charenton, Salpêtrière :
les lieux de pouvoir de l'État

Les hospices Bicêtre, Charenton, Salpêtrière mettent en relief le pouvoir de l'État. C'est dans ces endroits que se retrouvent les laissés-pour-compte, les marginaux, les exclus de la société. On évoque maintes fois Charenton pour tenir Chabert à l'écart, car il paraît « fou » (l. 463). En fait, les représentants de la Restauration — les gens de pouvoir — n'hésitent pas à évoquer ces lieux pour s'assurer de l'exclusion de ceux qu'ils considèrent comme socialement mésadaptés, c'est-à-dire ceux qui ne partagent pas les vues et les valeurs du régime politique en place et qui ne participent pas au jeu qui consiste à parvenir à ses fins politiques.

LE LIEU DE L'EMPIRE

La mansarde : le lieu de la solidarité et de la reconnaissance

La mansarde est le seul lieu de la solidarité pour les anciens de l'Empire. Il est situé en plein cœur du faubourg Saint-Marceau, qui offre un tableau d'une extrême pauvreté et d'un grand délabrement. Ce lieu ressemble à une ruine. Pourtant, c'est à cet endroit que les véritables sentiments — l'amitié, la solidarité, la gratitude — se vivent. Les vertus soldatesques, issues des principes républicains — liberté, égalité, fraternité —, sont grandement mises en relief. Ce lieu apparaît parfait pour les héros de l'Empire napoléonien qui sont les exclus de la société de la Restauration.

La composition, la structure, le mouvement

UN DÉCOUPAGE QUI S'APPARENTE AU THÉÂTRE

Le Colonel Chabert est un roman court qui se compose de trois parties clairement identifiées : « Une Étude d'avoué », « La Transaction » et « L'Hospice de la Vieillesse ». La composition générale du roman offre un découpage qui rappelle le théâtre, à cause de ses petites scènes. Entre ces petites scènes, ou à l'intérieur de celles-ci, se glissent des descriptions de lieux et des portraits de personnages.

« Une Étude d'avoué » :

1. La scène entre les avoués et Chabert
   (description de l'Étude)
2. La scène entre Derville et Chabert
   (portrait de Chabert)
3. Le récit de la vie de Chabert

« La Transaction » :

4. La scène chez le nourrisseur
   (description du faubourg et de la mansarde)
5. Le portrait du comte Ferraud
6. Le portrait de la comtesse Ferraud
7. La rencontre avec madame Ferraud
8. La scène du cabinet
9. La scène entre Chabert et madame Ferraud
10. Madame Ferraud amène Chabert à Groslay

« L'Hospice de la Vieillesse » :

11. Derville rencontre Chabert au Palais
12. Derville revoit Chabert à Bicêtre

Toutefois, nous remarquons que le découpage par scènes ne se retrouve que dans les deux premières parties : d'abord, dans la partie « Une Étude d'avoué » avec la scène entre les avoués et Chabert et la scène entre Derville et Chabert ; ensuite dans « La Transaction » avec la scène chez le nourrisseur, la scène du cabinet et la scène entre Chabert et madame Ferraud.

L'ART DU ROMAN DOMINE

Cependant, ce découpage par scènes, qui nous rappelle l'art théâtral, est « brisé ». D'une part, Balzac utilise un art propre au roman : **la narration** (nous saurons plus tard que Derville assume le rôle du narrateur de l'histoire). D'autre part, Balzac emploie un procédé romanesque qui lui est cher : **la description,** pour rendre compte **des lieux** et dresser **le portrait des personnages** (voir la section « Les descriptions : le sens du réalisme », p. 129-130).

Dans la troisième partie du récit, la réflexion de Derville se fera plus présente. En effet, la dernière partie du roman, « L'Hospice de la

Vieillesse », commence par une narration et se termine par une longue réflexion de l'avoué. Nous remarquons d'ailleurs que plus le roman avance et plus les personnages disparaissent pour laisser la place à l'avoué. La multitude de personnages, les entrées et les sorties de scène (qui s'apparentent au théâtre), ainsi que la cacophonie du début du roman, cèdent la place peu à peu à la réflexion solitaire de Derville. Ce dernier devient celui qui nous dit « j'ai vu » (l. 2172 et suivantes). Derville, *celui qui a* « *vu* » devient donc *celui qui écrit*. Il joue le rôle de narrateur, de romancier, de philosophe… Ici, l'art du roman domine.

La temporalité du récit

Ce court roman se déroule sur une période de 22 ans. C'est en février 1818 que Chabert se présente chez Derville et c'est en juin 1840 que l'avoué reverra Chabert à l'Hospice de la Vieillesse. Les indications temporelles — peu nombreuses dans ce roman — sont des ellipses : elles ne servent qu'à faire avancer le récit.

« Une Étude d'avoué »

Cette partie se déroule sur une seule journée. Chabert se rend à l'Étude en « février » (l. 111) 1818 et il y revient pendant la nuit pour rencontrer Derville.

« La Transaction »

Cette partie se déroule sur une douzaine de jours pendant le mois de juin 1818 (l. 1320). En effet, dans le roman, il est indiqué que c'est « [e]nviron trois mois après » (l. 824) la visite de Chabert (qui a eu lieu en février 1818) que Derville reçoit un avis qui lui confirme la réception des actes. L'avoué organise la rencontre des deux contractants « [h]uit jours après » (l. 1507) avoir visité monsieur Chabert chez le nourrisseur et madame Ferraud à son domicile. C'est par « une belle matinée du mois de juin » (l. 1508) que madame Ferraud amène Chabert à Groslay. Celle-ci met son plan à exécution « [l]e soir du troisième jour » (l. 1795-1796) de l'arrivée de Chabert à sa maison de campagne. « Le lendemain matin » (l. 1904), Chabert part pour Saint-Leu-Taverny avec Delbecq. Il revient le jour même et découvre la supercherie dont il a été victime.

« L'Hospice de la Vieillesse »

Cette partie se déroule sur une période de 22 ans. Elle commence « [s]ix mois après cet événement » (l. 1987), en décembre 1818. « Le lendemain même » (l. 1995), l'intendant du comte Ferraud écrit à Derville que Chabert est un charlatan. « Quelque temps après » (l. 2009), Derville rencontre Chabert au Palais de justice. Ensuite, Balzac fait une ellipse de 22 ans : c'est « [e]n 1840, vers la fin du mois de juin » (l. 2094) que Derville croise Chabert à Bicêtre et qu'il raconte à Godeschal l'histoire de ce soldat.

LES MARQUES DE TEMPS POLITIQUES

Les autres dates énoncées dans le récit font référence à des périodes politiques : la Révolution, l'Empire et le début de la Restauration. Ces dates ne servent qu'à mettre en relief l'arrière-fond politique. Elles donnent des renseignements au lecteur sur des événements qui ont précédé l'intrigue, afin de lui faciliter la poursuite de la lecture. Nous pouvons ainsi comprendre que cette histoire est construite sur l'opposition de deux régimes, l'Empire et la Restauration, qui prônent des valeurs différentes. Nous en concluons que certaines valeurs associées au monde de l'Empire sont tributaires de la Révolution.

Les thèmes

Les thèmes, dans l'univers balzacien, renvoient souvent aux méfaits de la passion unique. En effet, les personnages de Balzac qui aiment trop — l'argent ou l'amour, par exemple — seront perdus, car le malheur consiste à croire en une passion absolue et unique. L'honnêteté les isolera : ils se retrouveront incompris et malheureux. Les grands thèmes balzaciens — l'amour, le mariage, l'argent et l'ambition — caractérisent *Le Colonel Chabert*. Ces grands thèmes, liés aux aspects de la vie privée, touchent particulièrement l'identité.

L'IDENTITÉ

Le sujet principal du *Colonel Chabert* se situe clairement dans la quête d'une identité perdue. Chabert est un « revenant » qui tente de récupérer trois aspects de son identité : ses titres, son argent et sa femme. Balzac nous démontrera que l'identité de ce personnage est gravement liée à la succession des régimes politiques. Chabert ne pourra retrouver son identité, car la nouvelle société en place — ses valeurs, ses idéologies — l'en empêche. Les seuls qui se montreront reconnaissants envers ce soldat seront les bonapartistes. Balzac nous démontre, ici, comment les aspects de la vie privée d'un homme demeurent liés à l'Histoire. Chabert a « été enterré sous des morts » (l. 608), maintenant il est « enterré sous des vivants, sous des actes, sous des faits, sous la société tout entière » (l. 609-610). Il a l'impression de ne plus être lui, car il a perdu ce qui constituait son identité civile.

L'AMOUR, LE MARIAGE, L'ARGENT ET L'AMBITION

Dans le roman, l'amour est profondément lié au mariage, lequel est lié à l'argent et à l'ambition. Nous remarquons, dans *Le Colonel Chabert,* l'absence de scènes d'amour, et ce, malgré de nombreux mariages. L'union de Chabert et de Rose Chapotel ne se base probablement pas sur l'amour. D'abord, Chabert n'hésite pas à sous-entendre qu'il a pris Rose Chapotel « comme un fiacre » (l. 2119). De son côté, en se mariant avec lui, Rose Chapotel a pu obtenir le titre de comtesse de l'Empire et devenir très riche.

Le mariage entre madame et monsieur Ferraud illustre avec éloquence le mariage affairiste. Il met en relief les ambitions personnelles et financières de chacune des parties. Grandement lié aux événements politiques, il est même remis en cause pour permettre l'avancement de la carrière de monsieur Ferraud. Le mariage est présenté comme une façon d'appartenir à un clan privilégié et de frayer habilement avec le pouvoir politique.

L'argent dans le roman tient un rôle capital, car il a permis à la bourgeoisie d'être promue socialement. L'argent a pris la place de la véritable aristocratie. Parce que l'argent consolide les liens du mariage, il devient un facteur déterminant de l'identité d'une personne et de la manière dont elle sera traitée. Les sentiments vertueux ou nobles ne trouvent plus de place dans une société où l'argent détermine la valeur d'un individu. Ce sera le drame de notre Chabert.

Les particularités stylistiques : l'esthétique réaliste

Les particularités stylistiques du *Colonel Chabert* renvoient au désir, chez Balzac, de rendre compte du réel. Que ce soit à travers la narration, les descriptions, l'insertion d'éléments tirés du réel ou encore à travers les niveaux de langue, Balzac dresse une « esthétique réaliste ».

LA NARRATION : UNE PRISE SUR LE RÉEL

Ici, la narration est, dans un premier temps, représentative de celle qui est traditionnellement utilisée dans les romans français du XIXe siècle. Il s'agit d'un narrateur externe, qui adopte un point de vue omniscient.

Le narrateur externe est un narrateur qui ne participe pas à l'histoire ; il raconte l'histoire d'un autre. On le reconnaît par l'utilisation du pronom personnel « il ».

Le point de vue omniscient est extérieur à l'histoire. La position du narrateur est supérieure à celle du personnage principal. Le narrateur omniscient est partout : il en sait davantage que le personnage sur les actions à venir, sur ses motifs, sur ses pensées.

Derville : celui qui a « vu » et qui nous raconte l'histoire

Pourtant, cette narration externe omnisciente se voit, à trois reprises, de façon non équivoque, remise en question dans le roman. En effet, dans le récit, trois réflexions apparaissent très révélatrices de la part du narrateur. À trois reprises, on nous indique de façon claire et précise que quelqu'un nous raconte le récit.

D'abord, il est mentionné : « Cette scène représente un des mille plaisirs qui, plus tard, font dire en pensant à la jeunesse : "C'était le bon temps !" » (l. 321-322). Dans un deuxième temps, nous avons : « Néanmoins, l'ordonnance citée dans la longue phrase cléricale qui commence cette histoire lui avait rendu [...] » (l. 1277-1279). Ces interventions nous indiquent clairement que quelqu'un est en train de nous raconter cette histoire. À la fin, nous découvrons que c'est Derville : « Ce début ayant excité la curiosité de Godeschal, Derville lui raconta l'histoire qui précède » (l. 2121-2122).

Balzac a donc utilisé un type de narration commun à son époque
— le narrateur externe omniscient — et il l'a enrichi par les réflexions
de Derville. Cela donne une richesse beaucoup plus grande au récit,
tout en accentuant l'aspect réaliste de l'œuvre. Enfin, les réflexions de
Derville mettent en relief la fonction de l'écrivain. Elles annoncent la
grande intention de Balzac, c'est-à-dire celle de devenir, avec *La
Comédie humaine*, « l'observateur » de la vie privée de son époque.
Derville devient donc le double du romancier qui nous dit « j'ai vu »
(l. 2172 et suivantes). Tout comme Balzac, Derville est celui qui *a*
« *vu* », donc il est celui qui *écrit les mœurs de sa société*.

LES DESCRIPTIONS : LE SENS DU RÉALISME

Puisque Balzac voulait offrir le tableau des mœurs de sa société, il
a préconisé l'utilisation de la description. En effet, parler des longues
descriptions qui abondent dans les romans de Balzac est presque un
cliché. Pourtant, *Le Colonel Chabert* ne se veut pas un exposé de descriptions interminables. Celles-ci sont minutieuses, certes, car elles
visent à illustrer les mœurs de son époque.

Dans *Le Colonel Chabert*, Balzac utilise la description pour rendre
compte de deux aspects : les lieux (l'Étude, l. 87-134 ; le faubourg Saint-
Marceau et la mansarde, l. 882-982) et les portraits des personnages
(Chabert, l. 365-392 ; madame et monsieur Ferraud, l. 1243-1360).
Dans ce roman, les descriptions sont des interventions du narrateur ;
elles servent à informer le lecteur des événements qui précèdent ou qui
entourent le déroulement de l'intrigue. Les portraits que l'avoué dresse
des personnages ainsi que les descriptions des lieux nous permettent
de mieux comprendre le contexte social et historique.

Toutefois, une description balzacienne n'est pas qu'une simple
énumération de caractéristiques. Elle sert à donner une dimension
philosophique au récit. C'est pourquoi, dans *Le Colonel Chabert*, les
descriptions (de lieux ou de personnages) se terminent toujours par
des réflexions philosophiques du narrateur. Par exemple, alors qu'il
décrit l'Étude en y recensant les objets qui s'y trouvent, le narrateur
arrête la description réaliste (l. 87-122) et enchaîne avec une
réflexion à caractère social (l. 122-134). Dans ce passage, il émet un
commentaire sur ce qu'il considère comme l'une « des plus hideuses

monstruosités parisiennes» (l. 124-125). Le même procédé se
retrouve à la suite des portraits des personnages. Par exemple, après
avoir brossé un portrait réaliste de la comtesse Ferraud (l. 1291-1357),
Derville (le narrateur) commente philosophiquement le «monstre
moral inconnu» de celle-ci (l. 1359).

Comme nous l'avons vu dans l'analyse des personnages et des
lieux, Balzac ne décrit pas dans le simple but de divertir le lecteur,
mais bien pour l'informer sur sa société. Les descriptions permettent
à l'auteur d'insérer les personnages dans la société, en mettant en
relief leur idéologie et leurs valeurs. Ces descriptions augmentent le
degré de réalisme et font des romans de Balzac des documents qui
dépassent largement le roman de divertissement ou la simple chronique du quotidien.

L'INSERTION D'ÉLÉMENTS TIRÉS DU RÉEL

Un autre aspect qui renforce l'idée du réalisme est l'insertion d'éléments tirés de la réalité. Dans *Le Colonel Chabert,* nous retrouvons des
allusions à des personnages historiques ou connus, à des événements
historiques, à des publications et des lieux de l'époque. Une fois de
plus, Balzac met en relief ces aspects réalistes pour mieux nous
donner des renseignements sur sa société. Le but est de permettre au
lecteur de comprendre l'enjeu du récit : le drame d'un homme qui ne
vit plus à la bonne époque.

De plus, l'insertion d'éléments réalistes met en relief la technique
d'écriture balzacienne : offrir plusieurs points de vue sur un personnage ou sur une situation. Par exemple, selon le personnage du roman
qui émet une opinion sur Napoléon, ce dernier peut apparaître
comme un empereur bienfaisant ou repoussant[1].

Les personnages historiques ou connus

Dans ce récit, une série de personnages connus ou célèbres sont
mentionnés. D'abord, nous retrouvons des gens de la scène artistique
de l'époque (l'acteur Talma, Curtius, madame Saqui) et de la scène

---

1. C'est ce que l'on appelle l'effet kaléidoscopique. Balzac nous permet de comprendre
   un personnage — ou une situation — par un ensemble de points de vue différents et non pas
   à partir d'un seul point de vue.

politique (Louis XVIII, Napoléon, Murat, Talleyrand, Pierre Coignard). Il est fait allusion à des familles nobles (Crillon, Rohan). De plus, Balzac mentionne également des personnages (Godeschal, Roguin, Crottat) et des familles nobles (Grandlieu, Navarreins) de *La Comédie humaine*. Balzac nous offre aussi une représentation satirique des clercs et des carabins : il en fait des personnages typés de son époque. Évidemment, la présence de ces personnages historiques ou connus n'est pas fortuite : elle met en relief le monde capitaliste de la Restauration et le monde idéalisé du défunt Empire napoléonien.

Les événements historiques

Dans *Le Colonel Chabert,* des événements politiques précis sont évoqués : la Révolution, la Terreur, l'Empire napoléonien, la Restauration. De plus, l'auteur cite certains faits politiques tels que les différentes conquêtes et défaites napoléoniennes (l'Égypte, Austerlitz, Iéna et Eylau) ou encore l'ordonnance de Louis XVIII. Ici encore, la référence à ces événements n'est pas gratuite. L'Empire, par exemple, ne suscite pas les mêmes opinions : certains y pensent avec nostalgie, d'autres maudissent l'époque où un « monstre [...] gouvernait alors la France » (l. 875). De nouveau, le lecteur comprend le drame que vit Chabert.

Les publications et les lieux de l'époque

Balzac fait référence à deux publications bonapartistes : *Victoires et Conquêtes* et *Le Constitutionnel*. Ces publications, qui racontent les victoires des grandes batailles napoléoniennes ainsi que les succès de l'Empereur, contribuent à idéaliser le personnage de Napoléon, alors en exil. Chabert ne lit pas ces textes par hasard ; cela démontre tout le culte que Chabert voue à l'Empire perdu.

L'auteur évoque également plusieurs lieux de Paris : les hospices, Groslay, le bois de Claye, la Chambre des pairs, le Palais de justice. Il nous indique aussi le nom de certaines rues et de certains quartiers qui ont un sens politique. Nous l'avons vu dans l'analyse des lieux : certains endroits — par exemple les hospices — sont associés au pouvoir de la Restauration.

LES NIVEAUX DE LANGUE

Désirant avoir « prise sur le réel », Balzac insère des expressions populaires dans les dialogues et la narration[1]. Il utilise également des expressions qui relèvent de l'argot (les expressions argotiques apparaissent en italique dans le texte de Balzac), afin de rendre les situations et les personnages plus vraisemblables. L'utilisation de l'argot — ponctuelle dans le texte de Balzac — démontre la difficulté de certains personnages à vivre dans le monde réel.

Nous remarquons des différences de langage entre les clercs, Derville et Chabert. Les jeunes clercs, tels que Simmonin, s'expriment avec un vocabulaire populaire et restreint (« Va te faire lanlaire » [l. 137], « un fameux *crâne* » [l. 199], ou dans une série d'onomatopées [l. 235-243]). Ce vocabulaire contraste avec le langage soigné et poli de Derville. Nous remarquons que, dans l'Étude, plus la fonction du personnage est importante, plus il s'exprime avec précision et clarté. Chabert, quant à lui, s'exprime avec la logique du soldat, certes, mais il utilise des expressions grandiloquentes qui laissent deviner qu'il voue un culte mythique à l'époque impériale. Chabert utilise également des expressions qui relèvent de l'argot militaire, par exemple : « bivouaquer » (l. 739).

De plus, dans le récit, nous relevons quelques métonymies et synecdoques, entre autres : « l'Étude », « le Palais », « le carrick », « la Chicane » et l'« égyptien ». Ces expressions, qui ne sont que des raccourcis linguistiques, mettent en relief le vocabulaire parlé, en donnant une dynamique et un aspect réaliste à la narration et principalement aux dialogues.

Nous retrouvons également trois lexiques spécialisés : militaire, juridique et sociohistorique. Les termes spécialisés qui renvoient à l'univers juridique (« requête », « jurisprudence »), à l'univers militaire (« cavalerie », « garde impériale ») et aux aspects sociopolitiques (« le retour du Roi », « la Terreur ») inscrivent les situations et les personnages dans le réel.

---

1. Pour le lecteur de l'époque, insérer de telles expressions apparaissait comme des écarts de langage. Pourtant, au début du XXe siècle, l'écrivain Marcel Proust reproche aux personnages de Balzac de s'exprimer comme Balzac… c'est-à-dire trop bien !

JUGEMENTS CRITIQUES DE L'ŒUVRE

Comme *Le Père Goriot*, *Le Colonel Chabert* est l'une des œuvres les plus célèbres de Balzac, ainsi qu'en témoignent, dès le dix-neuvième siècle, de nombreuses adaptations théâtrales, les plus nombreuses avec celles de *La Peau de chagrin*; puis, au vingtième siècle, plusieurs adaptations cinématographiques, ainsi que d'innombrables rééditions dans les collections populaires et pour la jeunesse. […] Il se trouve d'autre part que le texte parle aux connaisseurs de Balzac un langage particulier, concret, dense. À ce titre, *Le Colonel Chabert* est une des plus remarquables réussites de son auteur : texte efficace, texte profond. Et, comme toujours, c'est au fil de la pratique professionnelle de Balzac qu'apparaissent et se composent les divers éléments d'écriture et de signification.

Introduction de Pierre Barbéris, *Le Colonel Chabert*, Gallimard, 1994.

Quel vertige l'on ressent avec le pauvre colonel lorsque l'avoué Derville lui explique dans quel labyrinthe il va devoir s'engager ! Pire encore : même si Chabert voit un jour le bout de toutes ces démarches juridiques aux noms compliqués, la victoire ne sera pas celle de la morale et de l'honneur, mais celle de la procédure. Faudra-t-il donc passer toute sa vie en procès dans l'espoir, peut-être en vain, de récupérer une fraction de sa propre fortune ? Peut-être aurait-il mieux valu mourir en soldat, comme tant d'autres, lors de cette terrible bataille d'Eylau… L'intrépide cavalier, qui fonçait sur l'ennemi sabre au clair, ne pourra s'abaisser à ces misérables batailles juridiques, dans une forêt de paperasses, et contre des adversaires indignes de lui.

Nadine Satiat, *Le Colonel Chabert*, GF-Flammarion, 1995.

BALZAC À LA CANNE PAR HONORÉ DAUMIER, 1841.

COLLECTION PRIVÉE, ARCHIVES CHARMET.

PLONGÉE DANS L'ŒUVRE

HONORÉ DE BALZAC
DAGUERRÉOTYPE, 1842.

MUSÉE DE LA VILLE DE PARIS, MAISON DE BALZAC.

QUESTIONS SUR « UNE ÉTUDE D'AVOUÉ »

Compréhension

1. Sur quelle période de temps la partie « Une Étude d'avoué » se déroule-t-elle ? En quel mois et en quelle année ?
2. Quelles scènes de la partie « Une Étude d'avoué » s'apparentent à des scènes de théâtre ?
3. Où est situé le bureau de maître Derville, avoué ?
4. À quelle tâche les clercs travaillent-ils au moment où se présente à l'Étude celui que Simonnin surnomme le « vieux carrick » (l. 1) ?
5. De quelle nature sont les remarques de Godeschal pendant la copie de la requête en ce qui concerne le pouvoir administratif de Louis XVIII ? Sont-elles respectueuses ? ironiques ? moqueuses ?
6. De quelle manière les clercs reçoivent-ils le vieux carrick ? Combien de fois s'est-il présenté à l'Étude en souhaitant parler au patron, monsieur Derville ?
7. Quelle raison motive Boucard à se débarrasser du vieux carrick ?
8. À quel moment de la journée le vieux carrick pourra-t-il enfin rencontrer Derville ? Pourquoi ?
9. Quelle identité les clercs prêtent-ils au vieux carrick après son départ ?
10. Qui parie « un spectacle pour tout le monde » que le vieux carrick n'a pas été soldat ?
11. Pourquoi Simonnin veut-il que le vieux carrick revienne à l'Étude ?
12. Sous quelle identité le vieux carrick se présente-t-il ?
13. Quelle réaction des clercs nous indique qu'ils prennent le vieux carrick pour un « vieux drôle » ?
14. Pourquoi les clercs argumentent-ils sur la question « Qu'est-ce qu'un spectacle ? » (l. 254) ?
15. Selon Godeschal, en conscience, le colonel Chabert est bien mort, car sa femme est remariée à un comte et conseiller d'État. Quel est le nom de cette femme et pourquoi Godeschal la connaît-il ?
16. Pourquoi le Maître-clerc qualifie-t-il Godeschal de « fier nigaud » (l. 317) ?

17. Comment le Principal clerc explique-t-il à Chabert — venu à son rendez-vous — le fait que son patron consulte à une « heure si matinale » (l. 335) ?

18. Pour quelles raisons Derville demeure-t-il stupéfait en entrevoyant Chabert dans le clair-obscur ?

19. Que se passe-t-il lorsque Chabert enlève son chapeau pour saluer Derville ?

20. Quelles sont les marques de respect dont fait preuve Derville envers Chabert ?

21. Résumez brièvement le récit de la mort de Chabert lors de la bataille d'Eylau (l. 431-455).

22. Que sont les *Victoires et Conquêtes* ?

23. Résumez brièvement sa miraculeuse sortie de la « fosse des morts ».

24. Qui sont les gens qui le firent admettre à l'hôpital d'Heilsberg ?

25. Que fit le chirurgien nommé Sparchmann en vue d'établir l'identité de Chabert ?

26. Pourquoi fut-il impossible à Chabert de se procurer les actes rédigés par Sparchmann qui établissent son identité ?

27. Pourquoi Chabert fut-il enfermé comme fou pendant deux ans à Stuttgart ?

28. À quoi Chabert se résigna-t-il après deux ans de détention afin de pouvoir sortir de cet établissement ?

29. Contre qui Chabert intentera-t-il un procès s'il trouve les dix napoléons dont il a besoin pour faire venir d'Allemagne les actes qui prouvent son identité ? Pourquoi ?

30. Quelle offre de Derville nous convainc que l'avoué croit ce « singulier client » ?

31. Depuis combien d'années le colonel tente-t-il de faire reconnaître son identité ?

32. À quel homme Chabert voue-t-il un culte immense ? Pourquoi ?

33. Quel titre possédait Chabert sous l'Empire ? comte ? duc ? prince ? grand-officier de la Légion d'honneur ? grand-chambellan ?

34. Quel est le nom du maréchal des logis de l'ancien régiment de Chabert qui reconnut ce dernier à Stuttgart en 1814 ?

35. Pourquoi Chabert ne peut-il suivre le même trajet que Boutin pour rentrer à Paris ? Pourquoi ne revit-il pas Boutin ?

36. Quand Chabert entra-t-il à Paris?
37. Quelles infortunes Chabert rencontra-t-il lors de son retour à Paris, en voulant revoir sa femme?
38. Combien de lettres Chabert fit-il parvenir à sa femme après son retour à Paris?
39. Pourquoi, selon Chabert, sa femme ne vient-elle pas à son secours? Que lui doit-elle à son avis?
40. Pourquoi Derville doute-t-il que cette cause soit facilement gagnée?
41. Pourquoi, selon Derville, le colonel ne doit-il pas venir chercher des secours à l'Étude?
42. À la fin de leur entretien, à qui Chabert compare-t-il Derville? Pourquoi?

Personnages et lieux

1. En quelques mots, décrivez l'état de délabrement de l'Étude (l. 87-134).
2. Pourquoi dit-on que Balzac donne une image réaliste de ce lieu?
3. Nommez les personnages qui travaillent à l'Étude et énumérez leur fonction.
4. Donnez les principales caractéristiques du saute-ruisseau (l. 14-23).
5. Relevez un passage qui indique que les clercs se moquent de l'administration de Louis XVIII.
6. Relevez un passage qui indique que les gens qui travaillent à l'Étude sont grossiers avec les clients sans le sou.
7. Relevez un passage qui indique que l'argent constitue la valeur dominante chez les clercs et que ces derniers se fient aux apparences.
8. Relevez un passage qui indique que les clercs possèdent un vocabulaire limité et populaire.
9. Relevez un passage qui montre les clercs comme des bavards qui tiennent des discours vides de sens et qui se préoccupent très peu du sort d'un éventuel client.
10. À partir des réponses aux questions 3 à 9:
    a) énumérez les principales caractéristiques et les valeurs dominantes des clercs;
    b) expliquez en quoi les clercs apparaissent comme des incultes au pouvoir de la Restauration.

11. Comment le Principal décrit-il Derville?
12. Quelles sont les différences d'attitude entre les clercs et Derville à l'égard de Chabert?
13. Quelles caractéristiques de Derville montrent qu'il est un jeune avoué de la Restauration?
14. Quelles valeurs prônées par Derville indiquent qu'il est d'allégeance bonapartiste?
15. Faites un portrait nuancé du personnage de Derville.
16. Relevez les principales caractéristiques physiques du colonel Chabert (l. 365-384).
17. À quelle œuvre d'art Balzac compare-t-il le portrait qu'offre le physique de Chabert? Pourquoi?
18. En quoi le colonel Chabert est-il un digne représentant du monde de l'Empire?
19. Dressez la liste des personnages qui appartiennent au monde de la Restauration. Dressez la liste des personnages qui appartiennent au monde défunt de l'Empire. Relevez les valeurs prônées par chacun des clans.

Éléments sociohistoriques

1. À quels événements politiques de la France fait-on référence dans la requête que copient les clercs?
2. En quoi l'ordonnance de Louis XVIII permet-elle à la vicomtesse de Grandlieu de faire rédiger des requêtes pour récupérer ses biens?
3. Qui est Louis XVIII? À quel régime politique appartient-il?
4. Qui est Napoléon Bonaparte? À quel régime politique est-il principalement associé dans le récit? Où se trouve-t-il lorsque Chabert se présente à l'Étude en février 1818? À la suite de quel événement s'y trouve-t-il?
5. Derville dit à Chabert: «Monsieur, [...] vous brouillez toutes mes idées» (l. 591). Précisez en quoi les idées de Derville sur la société de la Restauration sont brouillées après qu'il eut entendu le récit de Chabert.
6. Grâce à qui et comment Chabert, jadis simple orphelin sous l'Ancien Régime, put-il devenir comte et colonel sous l'Empire?

7. Comment le fait que Chabert soit orphelin nuit-il à la reconnaissance de son identité (son argent, ses titres, sa femme) sous la Restauration?

8. Chabert justifie le silence de sa femme par des «événements politiques» (l. 715). À quels événements politiques Chabert fait-il référence?

9. Qu'ont en commun Napoléon et Chabert au point de vue de leurs valeurs et de leurs histoires personnelles?

Écriture

1. Quel terme péjoratif est employé pour qualifier l'Étude? Quel terme péjoratif qualifie le colonel Chabert?

2. Quelle différence de niveau de langue observez-vous entre le langage de Derville et celui des clercs?

3. Que nous indique, au niveau de la narration, le passage suivant: «Cette scène représente un des mille plaisirs qui, plus tard, font dire en pensant à la jeunesse: "C'était le bon temps!"» (l. 321-322)?

4. Relevez trois expressions populaires employées par les clercs.

5. Identifiez ces figures de la substitution (métonymie, synecdoque). Donnez-en le sens et expliquez leur fonction.
   a) «vieux carrick» (l. 1);
   b) «Études» (l. 3);
   c) «Chicane» (l. 19);
   d) «Palais» (l. 85).

6. Définissez les mots suivants et dites à quel champ lexical ils appartiennent:
   a) «huissiers» (l. 18);
   b) «plaideur» (l. 185);
   c) «requête» (l. 280);
   d) «audience» (l. 281).

7. Donnez le sens des figures de style suivantes, en précisant s'il s'agit de figures de l'amplification et de l'insistance (hyperbole, gradation, anaphore), de figures de l'analogie

(comparaison, métaphore) ou de figures de la substitution
(métonymie, synecdoque) :

a) « Murat vint à mon secours, il me passa sur le corps, lui et
tout son monde, **quinze cents hommes, excusez du peu**! »
(l. 443-445) ;

b) « La bête et le cavalier s'étaient donc abattus **comme** des
capucins de cartes » (l. 481-482) ;

c) « **Quoique** la mémoire de ces moments soit bien ténébreuse,
quoique mes souvenirs soient bien confus » (l. 495-496) ;

d) « Mais il y a eu quelque chose de plus horrible que les cris, un
silence […], le vrai **silence du tombeau** » (l. 499-501) ;

e) « Mais je ne sais pas aujourd'hui comment j'ai pu parvenir
à percer **la couverture de chair** qui mettait une barrière entre
la vie et moi » (l. 515-517) ;

f) « […] j'ai constamment erré **comme** un vagabond »
(l. 562-563) ;

g) « Le sentiment de mes droits **me tue** » (l. 587) ;

h) « J'ai été enterré **sous** des morts, mais maintenant je suis
enterré **sous** des vivants, **sous** des actes, **sous** des faits, **sous** la
société tout entière, qui veut me faire rentrer **sous** terre! »
(l. 608-610) ;

i) « Les paroles du jeune avoué furent donc comme un miracle
pour cet homme rebuté pendant dix années **par sa femme,
par la justice, par la création sociale entière** » (l. 635-637) ;

j) « Le colonel **ressemblait** à cette dame qui, ayant eu la fièvre
durant quinze années, crut avoir changé de maladie le jour
où elle fut guérie » (l. 639-641).

8. À partir des exemples de la question précédente :

a) expliquez la fonction des figures de l'amplification et de
l'insistance (hyperbole, gradation, anaphore) dans le récit
de Chabert ;

b) expliquez la fonction des figures de l'analogie (comparaison,
métaphore).

9. En quoi le récit de la vie de Chabert s'apparente-t-il à un
conte mythique ?

QUESTIONS SUR « LA TRANSACTION »

Compréhension

1. Après la visite nocturne chez Derville, combien de temps s'écoule-t-il avant le début de la partie « La Transaction » ? Sur quelle période de temps cette partie se déroule-t-elle ? En quel mois et en quelle année ?

2. Quelles scènes de la partie « La Transaction » s'apparentent à des scènes de théâtre ?

3. Pourquoi Alexandre Crottat vint-il voir Derville ?

4. Alors qu'il se croyait trompé par Chabert, que reçut Derville ?

5. Pourquoi la fortune de Chabert ne s'élève-t-elle qu'à trois cent mille francs ?

6. Où Derville se rend-il pour annoncer la nouvelle à Chabert ?

7. Pourquoi Derville s'exclame-t-il : « L'homme qui a décidé le gain de la bataille d'Eylau serait là ! » (l. 938) ?

8. Décrivez la chambre où loge Chabert.

9. Pourquoi le colonel ne se loge-t-il pas plus décemment, grâce à l'argent que lui a avancé Derville ?

10. Qui Chabert veut-il retrouver et que refuse-t-il de perdre, maintenant que des actes prouvent son identité ?

11. Pourquoi la cause de Chabert n'est-elle pas gagnée, même si des actes prouvent son identité ?

12. Comment Derville explique-t-il le fait que la fortune de Chabert soit moins grande qu'il ne le croyait ?

13. Pourquoi Derville croit-il qu'une transaction constituerait le meilleur dénouement au procès ?

14. Selon le narrateur, Chabert souffre du « *spleen* » (l. 1145). À quoi reconnaît-on ce mal ?

15. Que propose Derville pour annuler l'acte de mariage et l'acte de décès de Chabert ?

16. Qui aborde Derville à sa sortie de la mansarde ?

17. Pourquoi Chabert a-t-il vexé Vergniaud et sa femme ?

18. Où Derville se dirige-t-il après sa rencontre avec Chabert ?

19. Afin de bien préparer sa visite à madame Ferraud, de quel homme Derville retrace-t-il attentivement le parcours politique et social ?

20. Le portrait que l'avoué dresse de monsieur Ferraud est-il davantage flatteur, réaliste ou péjoratif?

21. Qui s'occupe des intérêts financiers de madame Ferraud?

22. De quelle façon le narrateur décrit-il la Restauration en ce début d'année 1818?

23. Selon Derville, pourquoi le comte Ferraud pourrait-il avoir intérêt à ce que son mariage soit « cassé »?

24. Comment la comtesse s'assure-t-elle que le comte Ferraud ne la quittera pas?

25. En quelques mots, décrivez l'intérieur de la maison de madame Ferraud.

26. Quelle grande nouvelle Derville apporte-t-il à madame Ferraud?

27. De quelle façon Derville confronte-t-il madame Ferraud?

28. Pourquoi madame Ferraud doit-elle se résigner à rencontrer Chabert?

29. Combien de temps après les deux visites de Derville les deux époux désunis se rencontrent-ils à l'Étude?

30. Où Chabert se trouve-t-il pendant que Derville discute avec la comtesse d'un arrangement possible?

31. Pourquoi Chabert sort-il de sa cachette?

32. Pourquoi Derville croit-il que le procès est perdu?

33. Que dit Chabert à madame Ferraud pour lui prouver qu'il est bien son premier mari?

34. Pourquoi décide-t-elle de quitter la pièce?

35. Où attendit-elle Chabert?

36. Où la comtesse Ferraud amène-t-elle Chabert?

37. Comment justifie-t-elle son silence à la suite des lettres de Chabert?

38. Quelle attitude madame Ferraud adopte-t-elle pendant les trois premiers jours qu'elle passe avec Chabert? Pourquoi?

39. Comment tente-t-elle d'émouvoir Chabert afin qu'il mette un terme à la poursuite?

40. Qu'est-ce que Delbecq tente de faire signer à Chabert?

41. Comment Chabert s'aperçoit-il du complot que madame Ferraud et Delbecq ont ourdi contre lui?

42. Pourquoi Chabert décide-t-il de ne pas poursuivre madame Ferraud?
43. Que promit Chabert à madame Ferraud?
44. Pourquoi dit-il qu'il s'appelle désormais Hyacinthe?
45. Pourquoi Chabert nous apparaît-il comme un héros romantique perdu dans un monde réaliste?
46. Pourquoi Chabert nous apparaît-il comme un héros de l'Empire perdu dans le monde cruel de la Restauration?
47. Comment les thèmes de l'argent et du mariage sont-ils liés?

Personnages et lieux

1. Quelle remarque Crottat se permet-il sur l'Empereur? En quoi cette remarque nous dévoile-t-elle son allégeance politique?
2. Relevez les principales caractéristiques physiques du faubourg Saint-Marceau ainsi que celles de la mansarde de Louis Vergniaud.
3. Pourquoi dit-on que la description du faubourg Saint-Marceau ainsi que celle de la mansarde de Louis Vergniaud sont réalistes?
4. En quoi la mansarde représente-t-elle le monde de l'Empire?
5. Quelles valeurs dites républicaines sont prônées dans ce lieu?
6. Faites un portrait physique et un portrait psychologique de Vergniaud.
7. Quels traits de la personnalité de Vergniaud nous permettent de croire qu'il est un bonapartiste?
8. De quelle manière Chabert démontre-t-il sa générosité envers Vergniaud?
9. En quoi le comte Ferraud est-il un représentant de la Restauration?
10. En quoi Delbecq nous apparaît-il comme un parfait représentant de la Restauration?
11. En quoi Groslay est-il un lieu de la Restauration?
12. Faites un portrait de la comtesse Ferraud, en démontrant qu'elle est une parfaite représentante de la Restauration et le bourreau de Chabert.

Éléments sociohistoriques

1. Quel titre militaire Vergniaud donne-t-il à Chabert? Que nous dévoile ce geste?
2. Que sont les «Bulletins de la Grande Armée» (l. 979-980)?

3. À quelle grande bataille Chabert fait-il référence alors qu'il s'écrie : « Le bronze, lui ! me reconnaîtra » (l. 1123) ?

4. Selon Chabert, quelles sont les différences entre la justice militaire et la justice civile ?

5. Quelle opposition politique dévoile la remarque suivante de Derville : « Les bureaux voudraient pouvoir anéantir les gens de l'Empire » (l. 1129-1130) ?

6. Que signifie la métaphore suivante : Ferraud résista « aux séductions de Napoléon » (l. 1248-1249) ?

7. Commentez la phrase suivante : « Le colonel avait connu la comtesse de l'Empire, il revoyait une comtesse de la Restauration » (l. 1765-1767).

8. De quelle façon les représentants de l'Empire sont-ils marginalisés dans le monde de la Restauration ?

Écriture

1. Que signifie la remarque de Crottat : « l'ancienne armée » (l. 829) ?

2. À quel champ lexical appartiennent les expressions suivantes :
   a) « "Silence dans les rangs !" » (l. 961-962) ;
   b) « bivouac » (l. 995) ;
   c) « *égyptien* » (l. 1006).

3. Que signifient ces paroles de Chabert : « C'est un bivouac tempéré par l'amitié [...] » (l. 994-995) ?

4. Pendant que Derville se rend chez madame Ferraud, il trace le portrait de deux personnages. De qui s'agit-il ?

5. Pourquoi Chabert dit-il à madame Ferraud : « [...] je ne vous maudis pas, je vous méprise » (l. 1967-1968) ? Quel aspect de la personnalité de Chabert est ainsi mis en relief ?

6. Donnez le sens des figures de style suivantes, en précisant s'il s'agit de figures de l'amplification et de l'insistance (hyperbole, gradation, anaphore), de figures de l'analogie (comparaison, métaphore) ou de figures de la substitution (métonymie, synecdoque) :
   a) « Le monde social et judiciaire lui pesait sur la poitrine **comme** un cauchemar » (l. 1119-1120) ;

b) « La promesse d'une place inamovible [...] fit de Delbecq
l'**âme damnée** de la comtesse » (l. 1298-1301) ;

c) « D'ailleurs il en trouvait [...] la raison dans cette **soif d'or**
dont sont atteintes la plupart des Parisiennes » (l. 1312-1314) ;

d) « Il ne **ressemblait** pas plus **au** Chabert en vieux carrick, qu'un
gros sou ne **ressemble à** une pièce de quarante francs nouvellement frappée » (l. 1521-1523) ;

e) « Ces vieux soldats **sont** tout ensemble **des tableaux et des
livres** » (l. 1527-1528) ;

f) « [...] le colonel s'enfuit emporté par **mille sentiments
contraires** » (l. 1915-1916) ;

g) « **Le vieux cheval s'est cabré** » (l. 1930) ;

h) « Dès ce moment il fallait commencer avec cette femme **la
guerre odieuse** dont lui avait parlé Derville, entrer dans une
vie de procès, **se nourrir de fiel, boire chaque matin un calice**
d'amertume » (l. 1946-1949) ;

i) « Peut-être, **semblable à** une pierre lancée dans un gouffre,
alla-t-il, de cascade en cascade, s'abîmer dans **cette boue
de haillons qui foisonne** à travers les rues de Paris »
(l. 1984-1986).

QUESTIONS SUR « L'HOSPICE DE LA VIEILLESSE »

Compréhension

1. Sur quelle période de temps la partie « L'Hospice de la Vieillesse »
se déroule-t-elle ?

2. Quels procédés de l'art du roman apparaissent dans la partie
« L'Hospice de la Vieillesse » ?

3. Que dit le mot envoyé par Delbecq à Derville ?

4. Où Derville rencontra-t-il Chabert après la réception de
cette lettre ?

5. Quel nom lui donna-t-il ?

6. De quoi Hyacinthe fut-il accusé et quelle sentence prononça-t-on
contre lui ?

7. Quelle est l'attitude de Chabert lors de l'annonce de la sentence ? Est-elle noble ? agitée ? distraite ? stoïque ?

8. Qu'observe d'abord Derville lorsqu'il arrive à l'antichambre du Greffe pour y rencontrer Chabert ?

9. Quelle nouvelle inattendue Derville apprend-il à Chabert ?

10. Que fait Chabert pour corriger cette situation ?

11. Pourquoi Chabert n'a-t-il pas demandé de rente à madame Ferraud ?

12. Que fit madame Ferraud lorsqu'elle reçut le billet de Chabert ?

13. Quand Derville revoit-il Chabert à Bicêtre ?

14. Quel genre d'institution est Bicêtre ?

15. Que fait Chabert à Bicêtre ?

16. Selon Derville, qui a fait enfermer Chabert dans cet établissement ? Pourquoi ?

17. Que répond Chabert lorsque Derville le salue à Bicêtre en compagnie de Godeschal, deux jours plus tard ?

18. Qu'offrit Godeschal à Chabert ?

19. Quel type de démonstration Chabert fit-il pour le remercier ?

20. Au dire d'un vieux bicêtrien, depuis combien de temps Chabert se trouve-t-il là ?

21. Selon Derville, quels sont les trois types d'hommes qui ne peuvent juger le monde ? Pourquoi ?

22. Lequel de ces hommes est le plus malheureux ? Pourquoi ?

23. Pourquoi Derville quitte-t-il Paris ?

Écriture

1. Relevez les termes du champ lexical qui témoignent de la simplicité antique du colonel Chabert lorsque celui-ci reçoit sa sentence (l. 2019-2025).

2. Relevez les termes du champ lexical qui expriment la misère sociale dans la description de l'antichambre du Greffe.

3. Donnez le sens des figures de style suivantes, en précisant s'il s'agit de figures de l'amplification et de l'insistance (hyperbole, gradation, anaphore), de figures de l'analogie (comparaison, métaphore) ou de figures de la substitution (métonymie, synecdoque) :

a) « […] dès qu'un homme tombe entre les mains de la justice, il n'est plus qu'un être moral, une question de Droit ou de Fait, **comme** aux yeux des statisticiens il devient un chiffre » (l. 2022-2025) ;

b) « Je ne puis plus être soldat, voilà **tout mon malheur** » (l. 2086-2087) ;

c) « […] il vaut mieux avoir **du luxe dans ses sentiments que sur ses habits** » (l. 2088-2089) ;

d) « […] nos Études **sont** des égouts qu'on ne peut pas curer » (l. 2170-2171).

4. Trouvez un passage où Derville résume la destinée de Chabert.
5. Quelle phrase indique que Derville est le narrateur ?

Questions de synthèse

1. Comment la fin du récit nous indique-t-elle que Derville est le miroir de Balzac ?

2. Commentez l'histoire du colonel Chabert à partir de ce passage : « Enfin, toutes les horreurs que les romanciers croient inventer sont toujours au-dessous de la vérité » (l. 2181-2182). Référez-vous aux sections « Le contexte artistique : romantisme et réalisme » et « Les particularités stylistiques : l'esthétique réaliste » pour enrichir votre commentaire.

3. Démontrez que Chabert a été vaincu par une société dominée par l'argent, dans laquelle les démunis sont marginalisés.

4. Selon l'expression de Chabert, quels sont les personnages du roman qui ont du luxe dans leurs sentiments ? Quels sont ceux qui ont du luxe sur leurs habits ?

p. 11-13 **EXTRAIT 1**

LA SCÈNE ENTRE LES AVOUÉS ET CHABERT

Compréhension

1. Situez l'extrait étudié.
2. Où la scène se déroule-t-elle ?
3. Quel type de texte cet extrait illustre-t-il ? S'agit-il d'une description ? d'un dialogue ? d'une narration ?

4. Dans vos mots, décrivez brièvement les événements de l'extrait.
5. Relevez un passage qui présente l'Étude comme un lieu où règne la saleté.
6. Relevez un passage qui présente l'Étude comme un lieu où règne le désordre.
7. Relevez un passage qui présente l'Étude comme un lieu où règne la puanteur.
8. Relevez un passage qui indique que le mobilier ainsi que les accessoires de bureau de l'Étude sont vieux et usagés.
9. Pourquoi «ni l'avoué, ni les plaideurs, ni les clercs ne tiennent à l'élégance» (l. 115-116) de l'Étude?
10. Dans quel mois se déroule cet extrait?
11. Quels sont les «deux cloaques de la poésie» (l. 128-129) qui, selon le narrateur, sont les boutiques sociales les plus horribles? Pourquoi obtiennent-elles ce qualificatif?
12. Relevez un passage qui nous dévoile que les clercs sont des personnes très peu soucieuses de la paperasserie de l'administration de Louis XVIII.
13. Comment est expliquée «la simplicité des grands penseurs et des grands ambitieux» (l. 134)?
14. Pourquoi les clercs se moquent-ils de Chabert?
15. Quel est le niveau de langue des clercs?
16. Qualifiez le comportement des clercs.
17. Relevez le passage qui illustre que la cacophonie des clercs contraste avec le silence du «vieux carrick».

Questions de stylistique

1. Pourquoi dit-on que la description de l'Étude (l. 87-122) est réaliste?
2. Énumérez les objets réalistes (les meubles, les objets décoratifs et la nourriture) qui se trouvent dans cette pièce.
3. Dans ce roman, les descriptions réalistes sont suivies d'une réflexion à caractère philosophique ou social. Quel type de réflexion est émise après la description réaliste de l'Étude (l. 122-134)? Qui émet ce commentaire? Pourquoi?
4. Donnez des exemples du vocabulaire populaire employé par les clercs.

5. Donnez le sens des figures de style suivantes, en précisant s'il s'agit de figures de l'amplification et de l'insistance (hyperbole, grada-tion, anaphore), de figures de l'analogie (comparaison, métaphore) ou de figures de la substitution (métonymie, synecdoque):

   a) « [...] les noms des gros clients dont **les affaires juteuses se cuisinaient** en ce moment » (l. 108-110);

   b) « [...] si les sacristies humides où les prières se pèsent et se payent **comme** des épices » (l. 125-126);

   c) « [...] si les magasins des revendeuses où flottent des guenilles qui **flétrissent** toutes les illusions de la vie en nous montrant où aboutissent nos fêtes » (l. 126-128);

   d) « [...] si ces **deux cloaques de la poésie** n'existaient pas » (l. 128-129);

   e) « Mais il en est ainsi **de la maison de jeu, du tribunal, du bureau de loterie** et **du mauvais lieu** » (l. 130-131).

6. Dans la description réaliste de l'Étude (l. 87-122), trouvez les termes qui se rapportent au champ lexical de l'abondance.

Questions de synthèse

1. Quelles caractéristiques de l'Étude en font un lieu désagréable?

2. En quoi ce bureau représente-t-il un monde de paperasserie administrative?

3. Balzac décrit toujours les lieux avant les personnages qui y habitent. Quelle image péjorative des clercs la description réaliste de l'Étude laisse-t-elle présager?

4. En quoi le monde des clercs et celui du « vieux carrick » sont-ils opposés?

5. Comment cet extrait met-il en relief le côté philosophique du narrateur (Derville)?

Questions de dissertation

1. Démontrez que la description de l'Étude révèle les caractéristi-ques de certains personnages qui y travaillent.

2. Démontrez que les clercs et Chabert sont les représentants de deux régimes politiques différents: celui de la Restauration et celui de l'Empire. Référez-vous aux pages 94 à 99 pour situer les régimes politiques dont il est question.

3. De quelle manière le récit illustre-t-il que les hommes d'administration du monde de la Restauration ont remplacé les hommes d'action de l'Empire? Relevez comment sont opposés les valeurs et les représentants de la Restauration et de l'Empire. Référez-vous aux pages 94 à 99 pour situer les régimes politiques dont il est question.

p. 34-35 **EXTRAIT 2**

LE RÉCIT DE LA VIE DE CHABERT

Compréhension

1. Situez l'extrait étudié.
2. Où la scène se déroule-t-elle?
3. Quel type de texte cet extrait illustre-t-il? S'agit-il d'une description? d'un dialogue? d'une narration?
4. Dans vos mots, décrivez brièvement les événements de l'extrait.
5. Pourquoi personne d'autre que Boutin ne veut-il croire que le colonel est bel et bien Chabert?
6. Deux nouvelles qui concernent Napoléon blessent Chabert. Lesquelles?
7. Qu'est-ce que la «première abdication de Napoléon» (l. 696-697)?
8. Pourquoi l'exil de Napoléon perturbe-t-il à ce point Chabert?
9. À quels événements font référence les noms de pays cités (l. 700-702)?
10. Madame Chabert a-t-elle répondu aux trois premières lettres de Chabert?
11. Qui prévient madame Chabert de l'état dans lequel Chabert se trouve? Pourquoi Chabert ne va-t-il pas la prévenir lui-même?
12. Pourquoi le fait qu'il fut «un enfant d'hôpital» (l. 708-709) joue-t-il en la défaveur de Chabert?
13. Chabert justifie le silence de sa femme par des «événements politiques» (l. 715). Ici, Chabert fait allusion aux événements qui ont entraîné la première abdication de Napoléon. En quoi ces événements auraient-ils pu justifier le silence de sa femme?

14. Quelle expression confirme que Chabert a été un privilégié de Napoléon?

15. Quel passage dévoile la nostalgie de l'Empire perdu que garde Chabert?

Questions de stylistique

1. Relevez les termes et les expressions qui prouvent que Chabert voue un culte inconditionnel à Napoléon.

2. Donnez le sens des deux figures de style suivantes, en précisant s'il s'agit de figures de l'amplification et de l'insistance (hyperbole, gradation, anaphore), de figures de l'analogie (comparaison, métaphore) ou de figures de la substitution (métonymie, synecdoque): «[…] **notre soleil** s'est couché, nous avons tous **froid** maintenant» (l. 713-714).

3. Donnez le sens des trois figures de style suivantes, en précisant s'il s'agit de figures de l'amplification et de l'insistance (hyperbole, gradation, anaphore), de figures de l'analogie (comparaison, métaphore) ou de figures de la substitution (métonymie, synecdoque): «Nous étions **deux débris curieux** après avoir ainsi roulé sur le globe **comme roulent dans l'Océan les cailloux emportés d'un rivage à l'autre par les tempêtes**» (l. 698-700).

4. Comment les figures de style des questions 2 et 3 dévoilent-elles que les soldats de l'Empire sont perdus dans le monde de la Restauration?

5. a) Identifiez et donnez le sens de la figure de style suivante: «[…] **je suis un enfant** d'hôpital, **un soldat** qui pour patrimoine **avait son courage,** pour famille **tout le monde,** pour patrie **la France,** pour tout protecteur **le bon Dieu.** Je me trompe! j'avais **un père, l'Empereur!**» (l. 708-711).

   b) Quelles valeurs de Chabert sont dévoilées dans ce passage?

6. Quelle figure de style Chabert utilise-t-il pour démontrer que la deuxième abdication de Napoléon est vécue comme un drame?

7. a) Relevez les figures de style de l'analogie (comparaison, métaphore) utilisées par Chabert.

   b) Que mettent-elles en relief? Accentuent-elles le côté grandiloquent et tragique du récit ou plutôt son côté nostalgique et romantique?

8. a) Relevez les figures de style d'amplification (hyperbole, gradation, énumération) utilisées par Chabert.
   b) Que mettent-elles en relief? Accentuent-elles le côté grandiloquent et tragique du récit ou plutôt son côté nostalgique et romantique?

Questions de synthèse

1. En quoi Napoléon est-il un père symbolique pour Chabert?
2. Dans quel sens Chabert ressemble-t-il à un petit Napoléon héroïque et idéalisé?
3. En quoi Chabert est-il un représentant de l'Empire perdu?
4. En quoi Chabert est-il un héros romantique?

Questions de dissertation

1. Démontrez que les soldats de l'Empire sont marginalisés dans le monde de la Restauration. Relevez comment sont opposés les valeurs et les représentants de la Restauration et de l'Empire. Expliquez comment et où survivent les soldats du défunt Empire dans ce nouveau monde de la Restauration. Référez-vous aux pages 94 à 99 pour situer les régimes politiques dont il est question.
2. Démontrez que Chabert est un héros romantique perdu dans un monde réaliste. Relevez comment le côté romantique de Chabert est lié au monde de l'Empire. Expliquez comment le monde de la Restauration représente le monde réaliste auquel fait face Chabert. Vous pouvez vous référer aux pages 94 à 98 et 99 à 101 pour établir le lien entre le romantisme et l'époque napoléonienne.
3. Démontrez que la chute de Chabert est liée à la chute de l'Empire de Napoléon. Référez-vous aux pages 94 à 98.

p. 54-55   **EXTRAIT 3**

Le portrait du comte Ferraud

Compréhension

1. Situez l'extrait étudié.
2. Qui nous fait le récit de la vie du comte Ferraud? Pourquoi?

3. Quel type de texte cet extrait illustre-t-il? S'agit-il d'une description? d'un dialogue? d'une narration? d'un portrait?

4. Dans vos mots, décrivez brièvement les événements de l'extrait.

5. Que dut faire le comte Ferraud pendant la Terreur? Pourquoi?

6. Quand le comte Ferraud revient-il à Paris?

7. À qui le comte Ferraud resta-t-il fidèle?

8. Qu'est-ce que le «faubourg Saint-Germain»?

9. Pourquoi Ferraud résistait-il «aux séductions de Napoléon» (l. 1248-1249)?

10. Pourquoi Ferraud devint-il «l'objet des coquetteries de l'Empereur» (l. 1250-1251)?

11. Que promit-on à Ferraud sous l'Empire?

12. En quelle année fit-il la rencontre de madame Chabert?

13. Quelle était la condition financière de madame Chabert au moment où Ferraud la rencontra?

14. Pourquoi, dans un premier temps, son mariage avec madame Chabert n'obtint-il pas l'approbation du faubourg Saint-Germain?

15. Quand la femme de Ferraud fut-elle enfin acceptée par les aristocrates du faubourg Saint-Germain, c'est-à-dire que «les salons s'ouvrirent à sa femme» (l. 1272)?

16. Pourquoi le mariage du comte Ferraud et de la comtesse Chabert correspond-il aux «idées de fusion» (l. 1263) de Napoléon?

17. Que fit Napoléon avec «la portion dont héritait le fisc dans la succession du colonel» (l. 1264-1265)? Pourquoi agit-il ainsi?

18. Pourquoi la fortune du comte Ferraud ne fut-elle pas acquise rapidement, malgré la Restauration?

19. Pourquoi le comte Ferraud comprenait-il «les exigences de la position dans laquelle se trouvait Louis XVIII» (l. 1274-1275)? En vous référant aux pages 94 à 99, dites pourquoi le pouvoir de Louis XVIII était fragile.

20. Quelle est la situation professionnelle du comte Ferraud au moment du récit?

21. Est-il satisfait de cette position? Pourquoi?

22. Qui le comte Ferraud s'attacha-t-il comme secrétaire?

23. Pourquoi Delbecq était-il probe par spéculation?

Questions de stylistique

1. Donnez le sens des figures de style suivantes, en précisant s'il s'agit de figures de l'amplification et de l'insistance (hyperbole, gradation, anaphore), de figures de l'analogie (comparaison, métaphore) ou de figures de la substitution (métonymie, synecdoque) :

   a) « Il appartenait donc à cette partie du faubourg Saint-Germain qui résista noblement **aux séductions de Napoléon** » (l. 1247-1249). Que dévoile cette figure de style ?

   b) « [...] il était du nombre des initiés qui attendaient *que l'abîme des révolutions fût fermé* » (l. 1275-1276).

2. Quel sens politique cache le terme « défection » (l. 1272) ?

3. Que signifie, au niveau de la narration, le passage suivant : « Néanmoins, l'ordonnance citée dans la longue phrase cléricale **qui commence cette histoire** lui avait rendu deux forêts et une terre » (l. 1277-1279) ?

4. Que signifie la phrase suivante : « Sa conduite démentait tellement sa vie antérieure qu'il passait pour un homme calomnié » (l. 1290-1291) ?

Questions de synthèse

1. Comment le thème du mariage est-il lié à l'ambition et à l'argent ?

2. De quelle façon le faubourg Saint-Germain s'assure-t-il un pouvoir de petits clans, de « coteries » (l. 1262) ?

3. Pourquoi Napoléon est-il — pour l'ancienne aristocratie — un homme imbu de son pouvoir et agit-il en véritable petit monarque ? Référez-vous aux pages 93 à 98 pour connaître les grandes lignes de la vie et de la carrière de Napoléon.

4. Comment peut-on affirmer que pour le comte Ferraud tout est « politique » ?

5. En quoi Ferraud représente-t-il le royaliste de l'Ancien Régime ?

Questions de dissertation

1. Prouvez que le comte Ferraud est un opportuniste. Appuyez votre argumentation en démontrant que Ferraud a su tirer avantage, en tout temps, des personnes au pouvoir.

2. Démontrez que la Restauration favorise le calcul des époux Ferraud plutôt que le courage et le patriotisme de Chabert. Référez-vous aux pages 94 à 99 pour mieux comprendre les enjeux de l'Empire et de la Restauration.

ANNEXES

TABLEAU CHRONOLOGIQUE	
ÉVÉNEMENTS HISTORIQUES ET POLITIQUES	**ÉVÉNEMENTS LITTÉRAIRES**
1769 Naissance de Napoleone Buonaparte à Ajaccio, en Corse, le 15 août.	
1774 Mort de Louis XV. Louis XVI devient roi de France.	Johann Wolfgang von Goethe, *Les Souffrances du jeune Werther*.
1789 Convocation des États généraux. Révolution française. Prise de la Bastille, le 14 juillet. Abolition des privilèges de la noblesse.	
1792 Emprisonnement du roi et de sa famille. Proclamation de la Première République. Fin de la monarchie.	
1793 Paroxysme de la Terreur : des milliers de nobles sont guillotinés. Louis XVI et sa famille sont exécutés. Exil des nobles.	
1795 Début du Directoire.	
1798 Le général Bonaparte part conquérir l'Égypte.	
1799 Fin du Directoire. Coup d'État de Napoléon Bonaparte. Début du Consulat. Bonaparte envahit la Syrie.	
1800	
1802 Napoléon est nommé consul à vie.	Naissance de Victor-Marie Hugo. François-René de Chateaubriand, *Le Génie du christianisme*.
1804 Napoléon est couronné empereur, sous le nom de Napoléon Ier, par le pape Pie VII. Début du Premier Empire napoléonien.	
1805 Brillante victoire de l'armée napoléonienne à la bataille d'Austerlitz. Napoléon a la ferveur du conquérant. Il est proclamé roi d'Italie, à Milan.	

TABLEAU CHRONOLOGIQUE		
ÉVÉNEMENTS CULTURELS	VIE ET ŒUVRE DE BALZAC	
		1769
		1774
		1789
		1792
		1793
		1795
		1798
Les architectes Charles Percier et Pierre Fontaine transforment le château de Malmaison pour Joséphine de Beauharnais, que Napoléon a épousée en 1796.	Le 20 mai, naissance de Honoré Balzac, à Tours.	1799
	Naissance de Laure Balzac.	1800
	Naissance de Laurence de Balzac (premier emploi de la particule de noblesse par le père).	1802
Jacques-Louis David obtient la charge de premier peintre de l'empereur Napoléon Ier.		1804
		1805

TABLEAU CHRONOLOGIQUE		
	ÉVÉNEMENTS HISTORIQUES ET POLITIQUES	ÉVÉNEMENTS LITTÉRAIRES
1806	Joseph Bonaparte est placé sur le trône d'Espagne et Louis Bonaparte devient roi de Hollande.	
1807	En février, bataille d'Eylau, contre l'armée russe. Demi-victoire pour les troupes de Napoléon.	
1808	Napoléon restitue les titres de noblesse à plusieurs membres de la noblesse de l'Ancien Régime.	
1809	Napoléon répudie Joséphine, qui ne lui a pas donné d'enfant.	
1810	Mariage de Napoléon et de Marie-Louise de Habsbourg, fille de l'empereur d'Autriche.	
1814	Premier retour du roi (Louis XVIII, frère de Louis XVI). Première abdication de Napoléon. Exil de Napoléon sur l'île d'Elbe.	
1815	Les Cent-Jours. Reprise du pouvoir par Napoléon et son armée. Deuxième retour du roi Louis XVIII. Début de la Restauration. Deuxième et dernière abdication de Napoléon. Remise en place de la monarchie.	
1816		
1817		
1819		
1821	Mort de Napoléon Bonaparte.	
1823		Stendhal, *Racine et Shakespeare*.

TABLEAU CHRONOLOGIQUE

ÉVÉNEMENTS CULTURELS	VIE ET ŒUVRE DE BALZAC	
		1806
	Balzac entre au Collège oratorien de Vendôme. Naissance de Henri de Balzac.	1807
		1808
		1809
		1810
		1814
		1815
	Balzac s'inscrit à la Faculté de droit et suit des cours à la Faculté des lettres.	1816
	Il fait un stage chez maître Guillonnet de Merville.	1817
Théodore Géricault peint *Le Radeau de la Méduse,* qu'il expose à Londres en 1820. L'œuvre est considérée comme l'une des premières manifestations anticlassiques et romantiques en peinture.		1819
		1821
		1823

TABLEAU CHRONOLOGIQUE		
	ÉVÉNEMENTS HISTORIQUES ET POLITIQUES	**ÉVÉNEMENTS LITTÉRAIRES**
1824	Mort de Louis XVIII. Son frère, Charles X, lui succède.	Fondation du premier Cénacle romantique autour de l'écrivain Charles Nodier.
1825		Fondation du Cénacle romantique autour de Victor Hugo.
1827		Hugo, *Cromwell*. La préface de l'œuvre constitue le manifeste du romantisme.
1828		
1829		
1830	Les Trois Glorieuses (trois journées révolutionnaires, 27, 28 et 29 juillet) chassent Charles X du trône. Fin de la Restauration. Début de la monarchie de Juillet. Règne de Louis-Philippe.	Stendhal, *Le Rouge et le Noir*. Hugo, *Hernani*. Lors de sa première représentation, l'œuvre provoque une querelle qui opposa les Anciens (les partisans du classicisme) aux Modernes (les tenants du romantisme). C'est l'apogée du mouvement romantique.
1831		Hugo, *Notre-Dame de Paris*.
1832		
1833		

ÉVÉNEMENTS CULTURELS	VIE ET ŒUVRE DE BALZAC	
Eugène Delacroix expose *Les Massacres de Scio* au Salon de 1824.		1824
Delacroix illustre le *Faust* de Goethe.	Balzac rencontre la duchesse d'Abrantès, avec laquelle il se lie l'année suivante. En septembre, il publie *Wann Chlore* (sous pseudonyme).	1825
Delacroix, *La Mort de Sardanapale*. L'œuvre apparaît comme l'une des manifestations majeures dans la peinture romantique.		1827
	Balzac liquide deux entreprises : l'imprimerie (achetée en 1826) et la fonderie de caractères (acquise en 1827).	1828
	En mars, il publie *Le Dernier Chouan* (premier roman signé Balzac).	1829
	Balzac publie les « Scènes de la vie privée », regroupant six nouvelles.	1830
	Vie mondaine très intense. Publication de *Gobseck* et *La Peau de chagrin*.	1831
	Vie mondaine et voyages. Première lettre de l'Étrangère, madame Hanska. Du 19 février au 11 mars, *Le Colonel Chabert* paraît en feuilletons, sous le titre *La Transaction*, dans le journal *L'Artiste*.	1832
	Balzac correspond avec madame Hanska, qu'il rencontre à la fin de septembre. Alors qu'il rédige *Le Père Goriot,* Balzac a l'idée de faire réapparaître ses personnages d'un roman à l'autre. Il publie *Eugénie Grandet*.	1833

	ÉVÉNEMENTS HISTORIQUES ET POLITIQUES	ÉVÉNEMENTS LITTÉRAIRES
TABLEAU CHRONOLOGIQUE		
1835		
1836		
1837		
1839		
1840		
1841		
1842		Mort de Stendhal.
1843		
1844		
1845		

TABLEAU CHRONOLOGIQUE		
ÉVÉNEMENTS CULTURELS	VIE ET ŒUVRE DE BALZAC	
	Publication en volumes du *Père Goriot*.	1835
	Mort de madame de Berny.	1836
	Les Illusions perdues (1ʳᵉ partie). Pour échapper à la prison pour dettes, Balzac se cache chez les Guidoboni-Visconti.	1837
	Les Illusions perdues (2ᵉ partie). Balzac est élu à la présidence de la Société des gens de lettres.	1839
	Publication de *La Revue parisienne* (de juillet à septembre). Sa pièce *Vautrin* est interdite après la première représentation au théâtre de la Porte-Saint-Martin, le 14 mars. Publication de l'œuvre en volume.	1840
	Contrat pour la publication de *La Comédie humaine*, avec Furne, Dubochet, Hetzel et Paulin. *Une ténébreuse affaire*. *La Rabouilleuse* (1ʳᵉ partie).	1841
Gustave Courbet peint *L'Homme à la ceinture de cuir*. L'œuvre apparaît comme la jonction entre le romantisme et le réalisme.	*La Rabouilleuse* (2ᵉ partie). Première parution de *La Comédie humaine* ; la publication se poursuivra jusqu'en 1848. Balzac apprend la mort de monsieur Hanski, survenue en novembre 1841.	1842
	Le romancier rejoint madame Hanska à Saint-Pétersbourg. Il écrit les deux premières parties de *Splendeurs et misères des courtisanes* et termine *Les Illusions perdues*.	1843
	La santé de Balzac s'altère. Publication de *Modeste Mignon*.	1844
Charles Baudelaire publie *Salon de 1845* (critique d'art).	Voyages. *Petites Misères de la vie conjugale* (fragments).	1845

	TABLEAU CHRONOLOGIQUE	
	ÉVÉNEMENTS HISTORIQUES ET POLITIQUES	ÉVÉNEMENTS LITTÉRAIRES
1846		
1847		
1848	Révolution de Février. Louis-Philippe abandonne le trône. Proclamation de la Deuxième République. Victoire de Louis Napoléon Bonaparte (neveu de Napoléon Ier) aux élections présidentielles.	
1849		
1850		
1851	Coup d'État de Louis Napoléon Bonaparte.	
1852	Le Second Empire est proclamé. Régime autoritaire dirigé par Louis Napoléon Bonaparte (Napoléon III). Le régime s'effondrera en 1870.	
1854		
1855		
1856		Edmond Duranty fonde la revue *Réalisme*.

TABLEAU CHRONOLOGIQUE		
ÉVÉNEMENTS CULTURELS	**VIE ET ŒUVRE DE BALZAC**	
Baudelaire, *Salon de 1846*.	Voyages. Balzac apprend la naissance et la mort de l'enfant qu'il attendait de madame Hanska. Publication de *La Cousine Bette*.	1846
	Premier séjour à Wierzchownia, en Ukraine. *Le Cousin Pons*.	1847
	Fin de la publication de *La Comédie humaine*.	1848
	Séjour presque toute l'année à Wierzchownia, en Ukraine. Graves maladies. Échec de la candidature de l'écrivain à l'Académie française.	1849
Courbet termine *L'Enterrement à Ornans*. L'œuvre est considérée comme le manifeste du réalisme en peinture.	Le 14 mars, Balzac épouse madame Hanska. Le 18 août, il reçoit la visite de Hugo et meurt le soir même. Les obsèques du romancier ont lieu à Saint-Philippe-du-Roule, le 21 août. Il est enterré au cimetière du Père-Lachaise, où Hugo fait un éloge funèbre qui restera célèbre.	1850
		1851
		1852
	Le Député d'Arcis et *Les Petits Bourgeois* (œuvres achevées par Charles Rabou, ami de Balzac).	1854
	Les Paysans (œuvre achevée par madame Hanska, épouse de l'écrivain, selon les notes qu'il avait laissées).	1855
		1856

	ÉVÉNEMENTS HISTORIQUES ET POLITIQUES	ÉVÉNEMENTS LITTÉRAIRES
	TABLEAU CHRONOLOGIQUE	
1857		Champfleury, *Le Réalisme*. Recueil-manifeste pour le mouvement réaliste. Baudelaire, *Les Fleurs du mal*. Gustave Flaubert, *Madame Bovary*.
1862		Hugo, *Les Misérables*.
1868		Émile Zola, inspiré par l'idée du retour des personnages balzaciens, dresse le plan de la série des *Rougon-Macquart: histoire naturelle et sociale d'une famille sous le Second Empire*. Cette série, dont le premier roman, *La Fortune des Rougon*, paraîtra en 1871, comptera 20 romans (1871-1893).
1870	L'empereur Napoléon III est fait prisonnier à Sedan. Proclamation de la Troisième République. La Commune (de mars à mai 1871). La capitale française est assiégée par les Prussiens. Le peuple de Paris s'insurge. Malgré des débuts difficiles, la Troisième République persiste jusqu'en 1940. Les ministères changent, toutefois, le régime demeure.	
1874		Hugo, *Quatre-vingt-treize*.
1882		
1885		Mort de Hugo.

TABLEAU CHRONOLOGIQUE		
ÉVÉNEMENTS CULTURELS	**VIE ET ŒUVRE DE BALZAC**	
		1857
Édouard Manet peint *Le Déjeuner sur l'herbe,* qu'il expose en 1863 au Salon des Refusés. L'œuvre fait scandale.		1862
		1868
		1870
Première exposition impressionniste chez le photographe Nadar. Claude Monet y expose *Impression, soleil levant.*		1874
	Mort de madame Hanska, épouse de Honoré de Balzac.	1882
		1885

GLOSSAIRE DE L'ŒUVRE

Antichambre: salle d'attente.

Avoué: représentant en justice.

Bien non vendu: bien appartenant à un noble, qui fut saisi par le
gouvernement, pendant la Révolution, et qui ne fut pas vendu par la suite.

Brasseur: personne qui brasse de la bière, c'est-à-dire qui en fait la
fabrication ou la vente en gros.

Cabinet de Curtius: cabinet de figures de cire fondé par l'Allemand
Curtius, en 1770.

Carrick: vieux manteau de cocher anglais à capes superposées aux épaules.

Catalepsie: paralysie temporaire, léthargie.

Charenton: établissement psychiatrique fondé en 1641.

Chicane (péjoratif): procédure (ennuis, paperasserie) liée au monde
des avoués.

Clerc: employé qui travaille chez un avoué ou un notaire. Il se prépare
habituellement, en tant que stagiaire, aux fonctions de notaire, d'avoué
ou de huissier.

Comte de l'Empire: ce n'est qu'en 1808 que Napoléon rétablit les titres
de noblesse qui n'avaient plus cours depuis l'Ancien Régime.

Culottée (pipe): pipe dont le bas du fourneau est recouvert d'un dépôt noir,
donc une très bonne pipe.

Domaine public: l'État.

Empereur: Napoléon Bonaparte (1769-1821) s'est fait couronner empereur
en 1804. Il assura le pouvoir de son Empire par les guerres de conquêtes.
Après la défaite de Waterloo, en 1815, il est exilé sur l'île Sainte-Hélène.

Étude: par métonymie, bureau où travaillent les clercs. Signifie également
la charge avec sa clientèle.

Eylau: bataille d'Eylau, contre les Russes, pendant l'hiver 1807. Ce fut une
demi-victoire pour les troupes françaises dirigées par Napoléon.

Flegme: caractère de celui qui est impassible, patient.

Garde impériale: troupes qui assuraient la sécurité personnelle
de l'empereur Napoléon.

Greffe: bureau où l'on conserve les procès-verbaux des actes de procédure.

Groslay: village situé à 11 km de Paris.

Hospice: établissement qui recevait les plus démunis de la société, entre
autres, les orphelins et les vieillards.

Hôtel: hôtel particulier, riche demeure citadine.

Intendant: personne qui veille au bon fonctionnement et à la régie (l'intendance) de la maison Ferraud.

Intrigant: personne qui dissimule, qui manœuvre, pour parvenir à ses fins.

Jurisprudence: ensemble des décisions d'un tribunal. Façon courante dont le tribunal statue sur un sujet donné.

Légion d'honneur: ordre créé par Napoléon pour récompenser ses sujets des services rendus à la nation.

Licitation: vente aux enchères, par des copropriétaires, d'un bien commun.

Livrée: uniforme. Costume porté par l'ensemble des domestiques au service d'une maison.

Louis XVIII (1755-1824): roi de France de 1814 à 1824. Après les temps révolutionnaires (1789 à 1799) et l'époque napoléonienne (1799 à 1815), l'ascension au pouvoir de Louis XVIII marque la résurrection de la monarchie en France.

Maître-clerc: dans le roman, dénomination qui désigne Boucard.

Maréchal des logis: sous-officier de cavalerie ou d'artillerie chargé, principalement, de loger les troupes militaires.

Mémoire: ensemble des documents relatifs à une cause et sa facturation détaillée.

Mémoire de frais: facture qui établit, de manière détaillée, les montants que le client doit à l'avoué.

Murat, Joachim (1767-1815): combattit aux côtés de Napoléon lors des grandes batailles et obtint plusieurs titres militaires et de noblesse. Il épousa Caroline – la sœur de Napoléon – en 1800.

Nourrisseur: personne qui nourrissait des vaches et qui faisait le commerce du lait.

Ordonnance: règlement officiel, texte de loi qui provient de l'exécutif d'un gouvernement ou d'un roi.

Pair de France: membre (désigné par le Roi) de la Haute Assemblée législative. Pendant la Restauration, les pairs, constitués alentour d'une Chambre des pairs, se partageaient le pouvoir législatif avec les représentants (élus) de la Chambre des députés.

Palais: Palais de justice.

Papier timbré: papier officiel utilisé pour la rédaction de certains documents légaux.

Pilastre: pièce de menuiserie, pilier.

Placet: réquisition d'audience, c'est-à-dire la requête adressée à un tribunal pour l'obtention d'une audience.

Premier clerc: dans le roman, dénomination qui désigne Boucard.

Principal (clerc): dans le roman, dénomination qui désigne Boucard.

Probité: honnêteté, intégrité.

Restauration: retour de la monarchie en France, entre 1814-1815 et 1815-1830. Cette période couvre le règne de Louis XVIII (de 1814 à 1824) et celui de son frère Charles X (de 1824 à 1830).

Signifier (des actes): informer la partie adverse, de façon légale, des actions juridiques qui seront entreprises.

Transaction: compromis acceptable qui accommode chacune des deux parties en litige.

Waterloo: la défaite des troupes françaises lors de la bataille de Waterloo, en 1815, marque la chute de l'Empire et du règne de Napoléon Bonaparte.

BIBLIOGRAPHIE

BARBÉRIS, Pierre. *Balzac. Une mythologie réaliste,* Paris, Librairie Larousse, coll. « Thèmes et textes », 1971, 287 p.

BARBÉRIS, Pierre. *Le Monde de Balzac,* Paris, Arthaud, 1973, 603 p.

BARBÉRIS, Pierre. *Le Colonel Chabert de Balzac,* Paris, Larousse, coll. « Textes pour aujourd'hui », 1981, 127 p.

BERSTEIN, Serge et Pierre MILZA. *États et identité européenne. XIXe siècle – 1815. Histoire de l'Europe,* Paris, Hatier, tome 3, 1995, 311 p.

BERSTEIN, Serge et Pierre MILZA. *Nationalisme et concerts européens. 1815-1919. Histoire de l'Europe contemporaine,* Paris, Hatier, tome 4, 1996, 283 p.

BORNECQUE, J. H. et P. COGNY. *Réalisme et naturalisme. L'histoire, la doctrine, les œuvres,* Paris, Hachette, coll. « Classiques Hachette », 1958, 192 p.

DARCOS, Xavier. *Histoire de la littérature française,* Paris, Hachette, 1992, 527 p.

GALLO, Max. *Napoléon. Le chant du départ,* Paris, Robert Laffont, coll. « Pocket », 1998, 495 p.

GALLO, Max. *Napoléon. L'empereur des rois,* Paris, Robert Laffont, coll. « Pocket », 1999, 508 p.

GENGEMBRE, Gérard. *Balzac. Le Napoléon des lettres,* Paris, Gallimard, coll. « Découvertes Gallimard Littérature », 1992, 208 p.

GENGEMBRE, Gérard. *Réalisme et naturalisme,* Paris, Éditions du Seuil, coll. « Mémo », 1997, 89 p.

LONGAUD, Félix. *Dictionnaire de Balzac,* Paris, Larousse, 1969, 255 p.

LUCKAS, Georg. *Balzac et le réalisme français,* Paris, François Maspero éditeur, coll. « Petite collection Maspero », n° 17, 1969, 111 p.

PICON, Gaëtan. *Balzac par lui-même,* Paris, Éditions du Seuil, coll. « Écrivains de toujours », 1967, 191 p.

REY, Pierre-Louis. *La Comédie humaine. Balzac,* Paris, Hatier, coll. « Profil d'une œuvre », 1982, 79 p.

ZOLA, Émile. *Le Roman expérimental,* Paris, Garnier-Flammarion, 1971, 369 p.

ŒUVRES PARUES

300 ans d'essais au Québec
Apollinaire, *Alcools*
Balzac, *Le Colonel Chabert*
Balzac, *La Peau de chagrin*
Balzac, *Le Père Goriot*
Baudelaire, *Les Fleurs du mal* et *Le Spleen de Paris*
Beaumarchais, *Le Mariage de Figaro*
Chateaubriand, *Atala* et *René*
Chrétien de Troyes, *Yvain* ou *Le Chevalier au lion*
Contes et légendes du Québec
Corneille, *Le Cid*
Daudet, *Lettres de mon moulin*
Diderot, *La Religieuse*
Écrivains des Lumières
Flaubert, *Trois Contes*
Girard, *Marie Calumet*
Hugo, *Le Dernier Jour d'un condamné*
Jarry, *Ubu Roi*
Laclos, *Les Liaisons dangereuses*
Marivaux, *Le Jeu de l'amour et du hasard*
Maupassant, *Contes réalistes et Contes fantastiques*
Maupassant, *La Maison Tellier et autres contes*
Maupassant, *Pierre et Jean*
Mérimée, *La Vénus d'Ille* et *Carmen*
Molière, *L'Avare*
Molière, *Le Bourgeois gentilhomme*
Molière, *Dom Juan*
Molière, *L'École des femmes*
Molière, *Les Fourberies de Scapin*
Molière, *Le Malade imaginaire*
Molière, *Le Misanthrope*
Molière, *Tartuffe*
Musset, *Lorenzaccio*
Poètes et prosateurs de la Renaissance
Poètes romantiques
Poètes surréalistes
Poètes symbolistes
Racine, *Phèdre*
Rostand, *Cyrano de Bergerac*
Tristan et Iseut
Voltaire, *Candide*
Voltaire, *Zadig* et *Micromégas*
Zola, *La Bête humaine*
Zola, *Thérèse Raquin*